Van het land

Van het land

Genieten van een groener leven

Alma Huisken
Foto's Doortje Stellwagen

FONTAINE UITGEVERS

'We had never had any real conscious drive to self-sufficiency. We had thought, like a lot of other people, that it would be nice to grow our own vegetables. But living here has altered our sense of values.'

('We waren nooit bewust bezig om zelfvoorzienend te leven. We dachten, net als veel anderen, dat het fijn zou zijn om onze eigen groenten te kweken. Maar het wonen hier veranderde onze waarden.')
John Seymour, *Fat of the land*, 1976

Nova Zembla

Enkele jaren geleden verruilde ik mijn randstedelijk leven voor een bestaan aan de rand van Nederland. Behoefte aan rust en ruimte bracht mij hierheen, samen met mijn partner. Niet omdat ik Haarlem beu was, de stad waar ik opgroeide, maar de drukte van het westen wél. Zelfs mijn volkstuin ontkwam niet aan herrie. Hoe zou het zijn om vanuit huis de *eigen*, rustige tuin in te lopen... liefst een ruime?

Toen we neerstreken op het platteland van Groningen, reageerden onze dierbaren onthutst. 'Wát?!? Gróningen?!?' Erger bestond niet, het was of we als Willem Barentsz koers zetten naar Nova Zembla. 'Wat moet je dáár nu??' 'Wonen' zeiden we dan. Want we wisten ons omgeven door de roerloze weidsheid van het wad, we zagen sneeuw zover het oog reikte, we hoorden de wind in de wilgen en door de rietkragen, we luisterden naar overtrekkende ganzen in december en roepende wulpen in het prilste voorjaar, én we voelden ons geborgen in dit huis met zijn tuin in een *lutje dörpke*.

De kreten van weleer ('Jullie zijn niet wijs!' en 'Mis je Haarlem al?') verstomden. Veel dierbaren snappen onze binding met dit land. Gaandeweg merkten we hoe onze belangen kenterden. Kiezen tussen een concert in de stad of een avond in de tuin om te mijmeren bij de geurende kamperfoelie? Het laatste. Zelfs persoonlijke wensen veranderden drastisch. 'Wat wil je voor je verjaardag?' 'Oh, héél graag drie bruine kippen! Of een nieuwe overall!'

De Groene Gedachte

Naast vreugde om zoveel ruimte was er Het Werk, behorend bij het onderhoud van een royale landschapstuin met bossingels, borders, weiland, sloten en vijvers. Het belangrijkste verschil met vroeger, echter, was het inzicht dat we op dit terrein (met plek voor moestuin en boomgaard) behoorlijk zelfvoorzienend konden worden! Dat inzicht ontstond door: afval. Met groot achterstallig onderhoud in de tuin creëerde mijn snoeigrage partner een Mount Everest aan takkenhopen. Er kwam een hakselmachine, om de boel te composteren. Dat was één. En twee was het boek dat een vriendin meebracht: *The complete guide to self-sufficiency* van John Seymour, de bijbel en de goeroe der zelfvoorziening.

Daarna ging het rap. Ik jakkerde door allerlei boeken van lieden die – 'terug naar de natuur' – op inventieve, groene wijze leefden. Veel van hun tips verwezenlijkten wij subiet: moestuin en boomgaard aanleggen, composteren, regenwater opvangen. En er kwamen dieren (ruimte zat) die enorm bijdragen aan zelfvoorziening en de kleine kringloop. Eenmaal 'boer' geworden door de kippen (Eieren! Kuikens! Mest!) draafde ik door en wenste ook geiten of schapen, of een drachtige koe. Mijn *down to earth* partner wierp weloverwogen bezwaren op. ('En als we nu eens een weekend weg zijn? Wie melkt dan jouw geiten?' Ik: 'Dat heb ik al aan de buren gevraagd en die willen dat best!' 'Maar zij verzorgen dan ook al de kippen! Vind je dat reëel?') Zelfs mij bleek, ten langen leste, dat viervoeters werkelijk niet haalbaar waren, maar ganzen gelukkig wél, en zelfs huurbijen!

Over dat leven leest u in *Van het land*. Een boek dat is verankerd in dit volle bestaan, in de natuur, het land, de dieren en de gewassen. Waar we – wars van dogma's – zelfvoorzienend en 'groen' zijn, als het maar even kan. *Van het land* gaat ook over het genieten van alles wat smaak, sier en schoonheid brengt in dit groenere, rijkere leven. De medebedenker van dit boek, fotografe Doortje Stellwagen, en ik tonen het u met plezier. Doortje zal u meeslepen met haar foto's, die ze 'van binnenuit' schiet, met hart en ziel.

Van het land, indeling en gebruik

*'I sing the cycle of my country's year,
the mild continuous epic of the soil,
haysel and harvest, tilth and husbandry;
I tell of marl and dung, and of the means
that break the unkindly spirit of clay
I tell the things I know, the things I knew
Before I knew them, immemorially'*

Vita Sackville-West, The Land, 1927

Meer dan 80 jaar geleden geschreven hebben Vita's woorden nog steeds waarde: de cyclus van het landelijk jaar is belangrijk, met zijn teelgrond, mest en oogst en het bewerken van de aarde. Dus anno nu vertel ik u in *Van het land* over deze waarden, en over de dingen die ik weet, of al wist en mij onbewust herinnerde.

Dit boek is gerangschikt in de maanden van het jaar, met telkens verhalen, recepten en 'actie': twee pagina's praktische tuinadviezen én tips voor een groener leven. Extra zijn drie annexen. De eerste behandelt de aarde, de tweede gaat in op zaaien en wissel- en combinatieteelt en de derde op groenbemesters en bijenplanten. Deze annexen en actiepagina's zijn uw tuinhulpjes, bedoeld om bij te dragen aan een rijke, gezonde oogst!

Receptuur en ingrediënten

De recepten zijn voor vier personen, gaan volautomatisch uit van biologische ingrediënten en zijn voor 90 procent gebaseerd op wat ik zelf teel of regionaal vind. Alle bereidingen hield ik puur, om de smaken optimaal en in balans te laten uitkomen. Groenteporties zijn lekker ruim.

Een 'V' geeft een vegetarisch en 'Vegan' een veganistisch gerecht aan. Bij 'serveren' onder aan het recept vindt u regelmatig suggesties voor begeleidende schotels. Gevogelte en vlees zijn bescheiden aanwezig, en dan vooral, traditiegetrouw, in de receptuur van herfst en winter. Eieren en vis vindt u met name in hun eigen seizoenen: lente en zomer.

Bij wilde gewassen geef ik alternatieven. Zoek 'wild' in zo schoon mogelijke gebieden én volgens de spelregels: oppassend voor uitroeiing, na toestemming waar nodig en door ruimhartig ook wat voor een ander – of de dieren – te laten staan.

Tenslotte

Misschien wordt u door dit boek geënthousiasmeerd zélf ook eens iets te telen. Eerlijk gezegd hoop ik dat! In élke tuin en volkstuin, en op elk dakterras en balkon, ligt een landelijker, groener leven binnen handbereik. Zelfs naast de voordeur of in een zonnig kamerhoekje kunt u fruit en groente telen, iets van (biologische) zelfvoorziening verwezenlijken en er dagelijks van genieten. Probeer het maar. Fotografe Doortje Stellwagen en ik wensen u veel inspiratie en plezier toe.

Alma Huisken, 2008

'The health of soil, plant, animal
and man is one and indivisible.'

('De gezondheid van aarde, plant, dier en mens is één en ondeelbaar.')
Lady Eve Balfour, *The Living Soil*, 1943

Winterse weidsheid zover ik kijk • het zwemuurtje van de ganzen • stortregens, sneeuw en vorst • wék wék wék! – de wilde eenden zijn terug • de eerste bloei van toverhazelaar en helleborus • ah, de nieuwe zaadcatalogi! • stevige kost

januari

[louwmaand / wolf moon]

Of het nu regent, stormt of heeft gevroren, de eerste gang elke morgen is naar de tuin.

Ziezo, het jaar is begonnen, de wende ingezet. Zeker op een zonnige morgen lijkt mijn tred lichter bij een ronde door de wintertuin. Je hebt tuinen als een bordkartonnen decor, maar de onze voelt gelukkig als een veelzijdig persoon, met zijn vijvers en borders, grasland en bomen, met percelen voor kippen en ganzen, alsmede drie stukken moestuin en een bongerd in wording.
Eens, lang voor wij er neerstreken, was dit een kale vlakte, tot vorige bewoners er de invloeden op losllieten van tuinarchitecten Mien Ruys, Louis G. Le Roy, Lucas Roodbaard en vader en zoon Vroom, uit Groningen: Miens strakke terrassen naast uitbundige borderbloei, het nonchalante laissez-faire van Le Roy en de meanderende lijnen van de 'slingertoen', vrij naar Roodbaard en de Vroomdynastie, met niervormige vijvers en lichte hoogteverschillen. Niets dramatisch, geen berg en dal, maar zelfs een glooiing van een meter brengt uitzicht, diepte en verrassing. De architectuur zit met name in 'de sier', het voorste tuindeel. Een sloot markeert de overgang naar het tussenstuk: een groot grasveld met aan weerszijden ruigere borders. Deze vloeien uit in 'armen' van wilde planten, struiken en bosranden – singels – die onze landschapstuin omsluiten. Het achterste deel was ooit het volkstuincomplex van het dorp (dat spreekt mij aan, als ex-volkstuinder!) en werd vervolgens kruidenwei. Een deel lieten we zo, om de schoonheid van wikke en wilde pastinaak, maar we snoepten er ook partjes vanaf en brachten daar opnieuw 'nut': fruit, aardappels, groente, kruiden en boerenbloemen. En er kwam een afgezette wei, voor de ganzen.
In mijn eerste seizoen moesten we ons beslist aan elkaar voorstellen, de tuin en ik. Van een aftastend wezen groeide hij uit tot een aangename bekende en voelt nu als een dikke vriend. Ook in januari, wanneer de tuin het liefst ongestoord wil dromen, blijft de band aanwezig. Of het nu stormt, regent of heeft gevroren, mijn eerste gang is naar de tuin.

van het land

Even kijken of er ijs op de vijver ligt, of ik reeën kan zien op de velden om ons heen, terwijl ik strompel door de sneeuw en grinnik om de klonten die vastklinken aan mijn klompen. Ik geniet van de inkeer die er nu heerst, van het stille land dat ik met niemand hoef te delen. Die diepe rust hoort bij deze tijd en is minstens zo kostbaar als een opwindende, blinkende zomerdag.

Plukjes 'saffraan' in de schijnhazelaar

Aan het begin van het kalenderjaar hult de moestuin zich in stilzwijgen. Zaaien kan niet, spitten mag niet. Januari is een status quo. Wat er staat, staat er, wat er straks zal groeien laat op zich wachten. Dus is het vooral de siertuin waarnaar mijn blik trekt. De toverhazelaar (*Hamamelis mollis*) – nooit gesnoeid en minstens vier meter hoog –

januari

bloeit al volop. Een sneeuwlaag lijkt hem niet te deren. Mooi die bloemen: alsof iemand saffraandraadjes bond aan de takken. Ik ga in zijn buurt zitten en snuif de zoete geur op, wakker gemaakt door de zon. Een week later begint het nieskruid limoengroen te glanzen. De kerstroos (*Helleborus niger*) volgt hem en daar kleurt de paarsrode lenteroos (*H. orientalis*) warempel ook al. Om zijn kleur en bloeitijd, tussen carnaval en Pasen, heet hij ook wel Vastenroos, maar hij stoomt soms door tot ver in juni. Dus je kunt hem net zo goed Pinksterroos noemen.

De eerste kwartieren in de winterzon zijn zo kostbaar. Maar een week later brengt januari storm, vorst en koude moessons: de aarde raakt doorweekt en ingeklonken. Donker als de nacht ogen de kale takken, de wilgen staan te schuimen in poelen en het bospad verandert in glibberige pudding van twee decimeter diep. Daarover dans ik een wilde samba, trachtend niet in de drek te storten. De kippen lopen er als vaatdoekjes bij, hun veren in vastgeplakte pieken. 'Strontnat' noemde mijn vader dit. De Britse tuinschrijver Monty Don noteerde eens hoe hij in dit seizoen vijftig dagen achtereen de zon niet zag. Het dreef hem bijna over de kling. (Lichttherapie bracht uitkomst.) Dit zijn de weken van gure regen in je nek en van waterkou, killer dan twintig graden vorst. Nee, januari – wanneer de tuin zijn skelet toont en er geen vlees op z'n botten zit – staat voor rust. Dus, hete thee, dikke trui en een extra boomstam in de houtkachel.

De eerste selderie en spinazie, gezaaid in een groen Umfeld...

Het donkert. Regen vaagt tegen de ramen. Er is sneeuw voorspeld, maar binnenshuis broeit het. Nieuwe plannen! Een koude bak, nieuwe gewassen, een bessenvolière! In deze tijd léés ik mijn tuinboeken niet, ik verslind ze. Briljante suggesties noteer ik ijverig als een schoolkind. Uit ervaring weet ik dat ik daarvan slechts een fractie zal uitvoeren, maar dat mag de pret niet drukken.

Ook stort ik me op boeken van lieden die schreven over hun pogingen 'groener' te leven. Het gros van hen belandde in kolderieke situaties, maar kwam met creativiteit, doorzettingsvermogen en humor tot verdraaid slimme oplossingen. Neem nu het voorzaaien. Daarvoor bestaan zwarte plastic bakjes en ik recycleer die zo lang mogelijk, maar voor nieuwe houders nam ik de doodsimpele tip over om wc-papierrolletjes te gebruiken en die mannetje aan mannetje in kartonnen dozen te schikken. Gevuld met gezeefde eigen compost, vermengd met zand, zaai ik er peterselie, selderie en spinazie in. Even een halfuur fröbelen en hupsakee, toekomstige kruiden en groente in een 'groen' Umfeld! Winst: minder plastic, ik hoef niet naar de papierbak te rijden en het materiaal is gratis, volledig composteerbaar én voegt cellulose toe aan de aarde. Geliefde snack van de wurmen.

En dan gebeurt het. De zadencatalogi! Hun komst is het koortsachtig hoogtepunt van deze maand. Tuinvrienden zenden onmiddellijk e-mails. 'Heb je de gidsen ook binnen? Hè?! Ga je vlas zaaien? Waarom?' 'Merk jij nou verschil tussen voorgetrokken en rechtstreeks gezaaide tuinbonen?' Ik mail terug: 'Beviel de winterrogge je, als groenbemester? Of heb je toch liever phacaelia?' En er ontstaan dealtjes. Tuinvriendin K. onderhandelt: 'Ik heb straks palmkoolzaad voor je, als ik van jou wat kievietsbonen mag.'
Ik bestel mijn biologisch pootgoed: aardappels, uien, sjalotten en knoflook. Zaad van groente, kruiden en bloemen koop ik sinds jaar en dag van Demeter-kwaliteit, het hoogst haalbare in de biologische wereld. Ik forceer mezelf de catalogi eerst helemaal door te lezen voor ik naar de pen grijp... 'van snijbiet heb je toch nog onaangeroerd zaad van vorig jaar!' argumenteer ik met mezelf.
Dit jaar kies ik nog meer gewassen die elkaar versterken bij hun groei, zoals vlas en aardappels. Leuke buren. Opnieuw zoek ik naar mooie kleurcombinaties en herinner me de mauve, rijstpapieren bloemen van de maanzaadklaproos (*Papaver somniferum*) tussen bloeiende rozijnerwten, een oud kapucijnerras. Fantastisch, net als de tandem rode kool–purperen dahlia's, en piepers met hoge, wilde afrikanen (*Tagetes*), tegen aaltjes, die uitgroeiden in pittig ruikende, ruige bossen roestig oranje.
Ah, het verlangen kruipt op terwijl ik eraan denk.

Als de zadenorder arriveert omring ik me kwartettend met de rammelende zakjes. Het verheugen op het nieuwe gewas, het dromen over een volle, rijke moestuin, is minstens zo'n belangrijk onderdeel van dit buitenleven als al het andere, fysieke werk. Maar zodra het droog is en de lucht weer hoog is, ben ik buiten, kijkend en plannend. Voor savooiekool (mijn geliefde 'Bloemendaalse Gele'), palmkool en nieuwe gewassen als mosterdzaad, saffloer en suikerriet wil ik nog meer moestuin ontginnen. En wat er ook gebeurt dit jaar, de drie misplaatste mispels, veel te donker in het bos gemikt door een beterweter, verhuizen nu écht naar de zonnige kruidenwei!

Tussen de middag naar het diepe: het zwemuurtje van de ganzen

In de grote vijver is het vaste eendenpaartje terug – wèk wèk wèk!, elke morgen om half zes. Woerd en wijfje dutten overdag onder de overhangende sleebes of scharrelen door het struweel. Fazanten broeden hier ook, in het riet achteraan de kruidenwei; vroeg in de lente zie ik de moeder soms, met haar hele kuikenspul als een geelbruin treintje achter zich aan. Naast de kruidenwei wonen de ganzen, Twentse Landganzen, in een groot kommavormig grasland, waar ze een ommetje maken, hun veren poetsen en grazen, grazen en nog eens grazen. Of smullen van wat ik rondstrooi: wortels, appels, groenlof, andijvie, hun ochtend- en avondgraan en die enkele boterham. Een gans verteert 15 procent aan voeding, dus 85 procent komt er met de regelmaat van de klok weer uit, in krachtig geprojecteerde sigaartjes. Die zijn groengekleurd (na het eten van gras), oranje (na peen) of chic getint als gematteerde tabak (na appels, graan, brood en aarde).
's Nachts gaan ze in een comfortabele stal, geheel *vos-proof*, met royaal ruimte voor hun vieren: de gent Tijn en de ganzen Jona, Lobke en Lies. Althans, ik dacht dat Lies een dame was, maar ze bleek een heer, dus nu heet ze Ties. Lobke, een grote gans in cappuccinotinten, moesten we eveneens herdopen want in de vijver klom ze op Jona en toonde dat ze een kerel was, niet alleen in gedrag maar ook in fysieke uitrusting. En zo werd Lobke Lobbes.

Zaaien kan niet,
spitten mag niet.
Januari is een
status quo.

van het land

Mijn ganzen vinden water een genot. Logisch, het zijn watervogels, hun naam *land*ganzen ten spijt. In dit seizoen gaan 'we' altijd tussen de middag zwemmen. In het ijs op de grote vijver hak ik een wak, haal de dieren op en dan steken we het grasveld over. Als Asa het ganzenhoedstertje uit Nils Holgersson drijf ik ze zachtjes op en daar schieten ze al met gestrekte nekken voor me uit, gillend van opwinding zodra ze het water zien. Direct kolkt het: eskimorollen, grondelpartijen en luchtfietserij. Dan opeens geeft één dier een sein en tjak!, wég zijn ze: in ingewikkelde patronen duikt de club kruislings door elkaar, net onder het oppervlak, om meters verderop omhoog te ploppen, als de kurken van flessen champagne. De Oostenrijkse onderzoeker van dierengedrag Konrad Lorenz wilde terecht uit de antropomorfische val blijven om dieren mensengedrag aan te praten, maar ook hij noemde het duiken van zijn bestudeerde grauwe ganzen 'spelen'. En dat is helemaal terecht.

Nog steeds eten we van het land

Op een middag spit ik wat aardappels op en pluk een volle arm boerenkool: sappige, geurige stengels. Een enkele uitspatting uitgezonderd eten we nog steeds van het land. Die rijkdom blijft onbetaalbaar. Er is volop keus. Boerenkool heb ik dit jaar zo veel dat ik mijn Wyandotte-kippen erin laat delen zonder me bij elke stengel schuldig te voelen. (Met hun achttienen – en ik spreek hier over *krielen* – verslinden ze een heuphoge, goedgevulde stronk in een halfuurtje. En dat doen ze morgen gerust opnieuw.) Er staan ook pastinaken, sluitkolen, prei en spruitjes. Veel kruiden komen de winter heel redelijk door; daarnaast leun ik in de keuken op het surplus van de zomer -en herfstoogst in vriezer en kelder: bewaarde schatten als pompoenen, sperzieboontjes, gedroogde paddenstoelen, sleebesbrandewijn!

Voeding conserveren *moet* als je buiten woont en tamelijk zelfvoorzienend wenst te zijn. Een goede, energiezuinige vriezer is geen luxe maar noodzaak. En ik ontdek gaandeweg nog meer verduurzamingmethoden, waaronder deze: gebruik de aardappelakker als kelder. Geleerd van tuinvriendin K. in het

Westen. Wanneer de herfst inviel zag ik haar nooit geknield krabben naar alle piepers, maar ontspannen slechts een maaltje bijeen graven. De rest liet ze fijn zitten: die konden niet voortijdig uitlopen. Alleen bij meer dan minus 5 °C moesten ze naar binnen, want bevroren aardappels zijn onaangenaam zoet.

Het enige nadeel hier is dat de muizen ook op mijn aardappelakkertje wonen. Nu leren moestuinders vanzelf wel dat het goed is te delen met de natuur, dus als ik weer wat tandjes in de Raja's of Alpha's zag hoopte ik dat de muizen er net zo van genoten als ik. ('Joehoe, zeker hutspot daar beneden?!') Maar op een avond luidde de weersvoorspelling: matige tot strenge vorst! Met een poolwind al gierend om mijn hoofd groef ik in het duister de piepers op, bijgelicht door de maan. Ik zakte scheef tot mijn enkels in de ijskoude klei en wankelde onder het gewicht, maar bracht tenminste twintig kilo huiswaarts. Prachtige piepers, met slechts hier en daar een muizenhap eruit...

Klassieke boerenkoolstamppot (ook V/Vegan)

Stamppot zonder melk is minder zwaar dan mét en boter geeft voldoende smeuïgheid. Geleerd van mijn oma: dat handje havermout!

Héél veel boerenkoolstengels (tenminste een arm vol!)
2 kg bloemige aardappels (bewaarde herfstrassen als Alpha of Raja)
100 g boter in dobbelstenen, meer naar wens
zout en versgemalen zwarte peper
1 teentje knoflook, gesnipperd
een handje havermout/fijne havervlokken

Schil de aardappels, snijd ze zonodig in stukken, altijd even groot. Stroop de boerenkool van de stengels en hak het blad zo fijn als u wenst. Zet de aardappels op in een laag lichtgezouten water, breng aan de kook, leg de boerenkool er bovenop, bestrooi met peper, knoflook, een snuf zout en havervlokken; zorg dat het geheel aan de kook komt/blijft en draai dan het vuur laag. Kook dit afgesloten 20 min. of tot de piepers gaar zijn (prik met een lange vork). Giet het kookwater geheel af maar bewaar het! Roer de boter erdoor, stamp en giet in etappes zoveel kookwater erbij tot een smeuïg geheel ontstaat.
Serveren: geef de stamppot bij runder- of lamsrookworst en gebakken blokjes rookspek. Serveer met zelfingelegde sjalotjes of 'kappertjes' van Oost-Indische kers, of 'cauliflower pickle' (zie oktober). **V/Vegan:** vervang boter door margarine en vlees door rooktofu, in mosterd en zout gemarineerd.

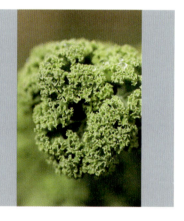

Boerenkool met verse pasta, roquefort en truffel (V/Vegan)

750 g boerenkool, grof gesnipperd
versgemalen zwarte peper
50 g boter, margarine of olie
2 knoflookteentjes, fijngehakt
1 dl slagroom of crème fraîche (van koe of geit) of sojaroom
500 g dunne, verse pasta
2 el. truffelolie
2 el. zachte olijfolie
75 g roquefort, fijn verkruimeld
1 el. geschaafde witte truffel **of**
1 zwarte truffel, vers of gekonfijt, in plakjes
of 1 el. extra truffelolie

Stoom de boerenkool 10 min. in een of twee vergieten boven grote pan(nen) kokend water, of in een stoompan. Bestrooi de kool met peper. Smelt boter in een koekenpan op laag vuur, laat de knoflook er 5 min. in liggen. Voeg de boerenkool en room toe en laat op zacht vuur onafgedekt 10 min. garen (roer tussentijds om). Kook de pasta beetgaar (in ruim, gezouten water), laat goed uitlekken en roer oliën en kaas erdoor; voeg de truffel of extra truffelolie toe, schep de boerenkool ernaast.
Serveren: direct, op voorverwarmde borden! **Vegan:** vervang roquefort door sojakaas en room door sojaroom.

Gebraden fazant met paddenstoelen in savooiekoolblad

Fazant – bewoner van onze tuin – is lekker van november tot februari. Savooiekoolblad, waarop fazanten zelf ook erg dol zijn, vormt een perfecte verpakking tijdens het braden. Spek houdt het vlees sappig.

ca. 8 grote savooiekoolbladeren
1 mooie, jonge fazant (panklaar)
fijn zeezout
versgemalen peper
200-250 g boter
ca. 10 plakjes bardeerspek (wit vetspek)
1 goudrenet, geschild, klokhuis eruit
2 el. verse vossenbessen of cranberry's
250 g (wilde) paddenstoelen, schoongemaakt, gehalveerd
extra boter
zout en peper

Blancheer de koolbladeren in een grote pan met gezouten, kokend water. Werp er telkens twee bladeren in, schep de bladeren eruit zodra ze slap worden en stort ze in een kom ijswater. Laat ze uitdruipen. Was het vlees, dep het droog en bestrooi van binnen en buiten met flinke snuf zout en peper. Verhit alle boter op hoog vuur in een braadpan met dikke bodem tot het schuim wegtrekt; bak de fazant snel rondom goudbruin. Temper vuur, haal fazant uit de pan, bekleed hem eerst met spek en dan met savooiekoolblad (bedek vooral het borststuk goed) en steek dit 'jasje' vast met cocktailprikkers. Doe terug in pan en braad het vlees 30 min. op getemperd vuur, zeer regelmatig bedruipend. Snipper de goudrenet en voeg hem toe, met de bessen. Braad de fazant op zacht vuur nog 20-30 min., blijf bedruipen.
Bak de paddenstoelen apart in boter met wat zout en peper; serveer ze apart.

Serveren: geef er met citroensap bedrupte ringen gebakken goudrenet bij en plukken veldsla, winterpostelein of waterkers.

januari

Flatervrije aardappelpuree (V/Vegan)

De lekkerste, superluchtige puree ontstaat door afkokers (zeer kruimige aardappels) door een aardappelknijper te persen!

2 kg ongeschilde aardappels
1 (flinke) kop hete melk of licht-gezouten bouillon
3-5 el. roomboter (kamertemperatuur)
1-1½ tl. zout
6-8 slagen zwarte peper uit de molen
½ tl. versgeraspte nootmuskaat
2 el. fijngeknipt bieslook

Boen de aardappels schoon, kook ze in royaal kokend water gaar in 18-22 min.; prik ze op gaarheid. Verhit melk of bouillon met boter, zout, peper en nootmuskaat (niet koken!). Pel de aardappels en druk ze stuk voor stuk door de aardappelknijper boven de nog warme pan (gezet op een laag pitje). Begiet met de vloeistof, klop luchtig en ultrakort met een ballongarde. Of stamp, desnoods...
Serveren: bestrooi de puree met bieslook en serveer op voorverwarmde borden. Of gratineer met schapenkaas of geef bij gebakken paddenstoelen en worteltjessla met appel en rozijnen.
Vegan: gebruik groentebouillon en vervang boter door (noten)olie of margarine.

Paling met gezouten zeste van citroen

schil van ca. ½ onbespoten citroen
2 tl. Franse *fleur de sel* (of fijn zeezout)
6 el. heet water
ca. 800 g gerookte (Reitdiep)paling, schoon en gefileerd

Trek de schil van de citroen (met een zesteur), vermijd het wit; snijd de zeste bij tot 20 luciferdunne, kaarsrechte reepjes.
Roer het zout los in het water en drenk de reepjes er 1 nacht in. Dep ze droog. Snijd de paling in 20 schuine mootjes en verdeel over 4 bordjes.
Serveren: leg op elk palingstukje een citroenschil en geef als voorafje.

van het land

1-1½ kg spruitjes, gepeld, gehalveerd
2 el. boter
1 el. olijfolie of zonnebloemolie
snufje fijn zeezout
scheutje water
1 tl. sesamolie
8 el. sesamzaad (blank)

225 g bloem (van tarwe of spelt)
7 g bakpoeder
½ tl. zout
200 g koude roomboter, in fijne blokjes
ca. 100 ml ijswater
rasp van 1 citroentje
1 grote, sappige, citroen
110 g rietsuiker of 75 g vloeibare honing
ook nodig: puddingvorm van ca. 1 l

Gebakken spruitjes met gepoft sesamzaad (V/Vegan)

Snijd grote spruiten in drie schijfjes. Verhit de boter in een grote koekenpan, voeg olie toe, temper het vuur. Bak de spruitjes op laag vuur 3 min. om en om wentelend, tot ze beginnen te garen (pas op voor aanbranden). Giet er een scheutje water bij, dek de pan af. Gaar door tot ze beetgaar zijn, in enkele min. Pof het sesamzaad in een aparte, droge koekenpan op vrij hoog vuur, schuddend met de pan, tot het springt. Bestrooi de spruitjes ermee, schep goed om, drup er de sesamolie over en schep nogmaals om.
Serveren: lekker bij rijst, bestrooid met kaas en gebakken, gesnipperde sjalotjes. **Vegan:** vervang boter door margarine en geef de spruitjes op een nest rijstnoedels met een saus van sesampasta, hete bouillon en wat tamari of shoyu (sojasaus) en mirin (rijstwijn).

Sussex pond pudding (6-8 porties) (V/Vegan)

Een absolute winterfavoriet is deze klassieke Britse pudding waarbij de citroen binnenin met boter en suiker een geurige 'vijver' vormt.

Meng bloem, bakpoeder, zout en 100 g boter in een grote kom en wrijf met uw vingertoppen tot formaat 'broodkruimel'; roer er zoveel ijswater door tot het deeg glad is. Kneed het op een bebloemd werkvlak luchtig door, rol uit tot een lap van bijna 1 cm dikte. Houd een kwart deel achter (voor het deksel). Vet de puddingvorm in en bekleed hem met het deeg, vermijd gaten of naden! Snijd overtollig deeg weg. Strooi de helft van de resterende boterklontjes in de vorm, met het citroenrasp. Beprik de grote citroen grondig en diep met een vork; leg de citroen op de boter, bestrooi met suiker en de laatste boter. Rol het deegdeksel uit, bevochtig de randen en verzegel het deksel zorgvuldig. De pudding mag beslist niet lekken! Wikkel de vorm in ingevet bakpapier en bind hem in een grote theedoek (de knoop komt bovenop). Zet de pudding op een omgekeerd schoteltje in een grote pan en vul deze met kokend water tot driekwart van de vorm. Sluit de pan, breng het water aan de kook en gaar de pudding op zeer laag vuur in 3½ uur; er moet regelmatig 'blub' te horen zijn! Vul zonodig bij met kokend water. Haal de vorm uit de pan, laat hem 15 min. staan, verwijder doek en papier.
Serveren: snijd de pudding aan en geef ieder een deeltje deeg, citroen en 'vijver'. **Vegan:** gebruik suiker en vervang boter door margarine.

Actie in januari

Mest en andere voeding – de voorbereiding voor het nieuwe jaar start in de herfst, met het **schonen van bedden en het bedekken c.q. bemesten** van de bedden. Dus indien nog niet besteld in november: breng snel ruige mest op het land, van paard, ezel, geit of schaap. Vraag erom bij biologische (hobby)boeren, kinderboerderijen of maneges (maar check op houtmot van tropisch hardhout, dat uw planten juist vermoordt!). Zelfs één kruiwagen is al een schat. (Paardenmest is het beste, drie jaar oud het allerbeste – laat een deel in een tuinhoek rijpen, onder een dek.) Verdeel de mest over geschoonde vakken en vooral waar 'hongerige' planten komen: dahlia's, maïs, prei. Spit niet! De vorst maakt de mest vanzelf fijner en wormen halen de boel als postbodes op. Zo verspreiden ze de voeding en krijgt de grond lucht. Voor alle grondsoorten geldt, zeker 's winters: loop niet op de bedden!

Bestel zonodig ook biologische **compost, humusrijke aarde en kalk** (dat laatste voor o.a. worteltjes, asperges, lavendel en rozemarijn). Bewaar van beide wat voor druiven. Kies kippengrit voor veen of zware klei (voor ontwatering, structuur, voeding). **Zeewier** is in poedervorm – vaak vermengd met kalk – biologisch verkrijgbaar. Het brengt magnesium in de grond, zodat planten hun 'groen' goed kunnen vormen. Strooi zeker wat bij de uifamilie in het voorjaar.

Spaar alle **houtas** (zonder tropisch hardhout!) op uit open haard of houtkachel, bedel erom bij vrienden of gebruik de vuurkorf op een windloze dag; verbrand bij voorkeur droog snoeisel dat moeizaam versnippert (bramen, riet) en bewaar afgekoelde houtskooltjes en asresten kurkdroog voor later gebruik. Bessen, uien, bonen, tomaten, komkommers, aubergines, Spaanse pepers, aardappels én rozen varen er wel bij! **Houtskooltjes** zijn ook reinigende 'snoepjes' voor ganzen.

Uitgebreid spitten heeft steeds minder fans in de ecologische hoek vanwege het verstoren van het bodemleven. Feit is dat onkruiden zich in verstoorde aarde gemakkelijker kunnen nestelen.

Mulchen is het aanbrengen van laagjes compost, riet, grasmaaisel, blad en soms grote kiezels (in potten, bij zonvragende kruiden). Het doel is: gewas en aarde te beschermen tegen onkruidvorming, uitdroging of juist het uitspoelen van de aarde. Het reguleert ook de temperatuur. Mulchlagen van compost die de grond en beestjes in de grond voeden, zijn ideaal; een laag van 5 cm is het absolute minimum.

De grote schoonmaak en winters onderhoud

Zoek rondslingerende tuinspulletjes (schepjes, plastic bakjes etc.) bijeen en maak ze schoon. Scherp stevige wilgentenen of snoeihout voor nieuwe staken, in diverse lengtes. Maak labels (hergebruikt hout), geef ze een kleurtje. Was terracotta en kunststof potten met heet water; laat ze uitdruipen op een zonnige, vorstvrije dag. **Verwijder opkomend onkruid** en pollen kweekgras. Voor houders van kippen: geef ze muur, paardenstaarten en graspollen. Voor houders van ganzen: die zijn gek op paardenbloem (zowel blad als wortel). **Onkruiden algemeen** – de gouden regel luidt dat uw aarde te arm is als onkruiden er bij nat weer niet uitgetrokken kunnen worden. Meer compost aanbrengen, dus, en mulchen!

Bij zware regen: trek voren in de bedden, uitkomend in geultjes of op paden, zodat overvloedig water weg kan stromen. Zorg dat paden van aarde onkruidvrij zijn. Bestrooi ze desgewenst met kippengrit of schelpen (dat brengt vanzelf kalk in de grond en helpt enigszins tegen slakken, straks). Maak **stenen paden** schoon met een mosschrobber en bestrooi ze regelmatig met fijn zand of grit, tegen mosvorming en uitglijden. Of gebruik een vlammenwerper. **Controleer tuingereedschap** en laat het zonodig herstellen en slijpen. Breng (zit)maaiers, heggenscharen, zeisen etc. weg voor een servicebeurt. Gooi **koperen leidingen** niet weg: het is antislak-gereedschap, dus leg het om kwetsbare planten of als het kan om de hele moestuin. Het loogt wel iets uit maar koper is een nuttig mineraal.

Zaden en pootgoed: kijk zelfbewaarde zaden en overgehouden pootgoed na op eventueel

van het land

bederf, selecteer alleen het allerbeste. **Controle op kiemkracht van oude zaden:** strooi een paar zaden op een vochtige flanellen lap tussen twee borden, zet dit in een warme kamer. Na enige dagen ziet u of ze spruiten. Bewaar resterend zaad koel, droog en donker. Vraag **zaadcatalogi** aan! Denk aan biodiversiteit: bestel zoveel mogelijk verschillende gewassen en ruil of deel zaden met tuinvrienden. Neem kruiden, laagblijvende en klimmende groenten, bloemen die bijen aantrekken, gewassen die erg vroeg of juist nog laat bloeien, gewassen die elkaar gunstig beïnvloeden en groenbemesters. (**Zie Annex II en III!**) Vergeet uw pootgoed niet: aardappels, knoflook, uien, sjalotten.

Voor houders van kleinvee: bestel ook groenten waar uw dieren wel bij varen, vooral in de winterdag: peen, boerenkool, andijvie, groenlof (ganzen) en wintergraan, met zijn dubbeldoel als: groenbemester en (kippen)voer. Doe bestellingen de deur uit!

Bewaar schoenendozen! Selecteer binnengekomen zaden direct op tijdstip van zaaien, per maand of halve maand; maak tabbladen voor die periodes en rangschik de zakjes erachter, in die schoenendozen.

Verzamel **rolletjes van wc-papier**, zet ze in een kartonnen doos, vul ze met compost met scherp zand en grit en zaai er vroeg spul in: **raapsteeltjes, radijs, rucola, spinazie, peterselie, selderij en later bietjes en maïs**. Zet de dozen in de vensterbank (koele kamer) of in de onverwarmde kas of koude bak (waar ze iets trager zullen kiemen).

Heggen, omheiningen, hout, hakselen: maak hekken en afrasteringen in orde. Plant heggen (haagbeuk, esdoorn, beuk) of vul kale hegdelen in. Overweeg meidoorn, met z'n eetbaar jong blad, bloesem en vruchten en werende stekels! De goedkoopste heg is een **ril van groot snoeihout**. Sla zonodig staken in de grond om de takken in het gareel te houden. Zo'n ril in de moestuin, globaal noord-zuid, geeft veel luwte, breekt koude wind en zorgt voor eerdere oogsten. Hij zakt geleidelijk in, dus hoog hem telkens op! In de ril gaan vogels broeden, kikkers overzomeren en egels overwinteren. Verzamel kleinere takken en bladeren (houd **naalden en conifeerblad apart, voor het aardbeienbed, of voor zure grond vragende heesters**). Versnipper ze en bewaar ze op hopen, afgedekt met jute zakken of stevig karton voor later gebruik in de composthopen of gooi alvast een laag op ingeklonken aarde.

Fruitstruiken en -bomen kunnen in zacht weer nog gepoot worden. Geef ze wat (turfvrije) compost in het brede, ondiepe plantgat als 'kickstart' en zorg voor boombanden aan stevige palen, in noord-zuid richting of afhankelijk van de meest voorkomende windrichting geplaatst.

Boerenkool (en andere kolen) pluk je van onderaf, zodat de plant kan doorgroeien. Als de kroon overblijft (lekker in zijn geheel smoren) lijkt de plant 'op', maar vaak ontwikkelen zich aan de stam nog minuscule blaadjes. Even mee roerbakken met ander groen spul en zo benut je de laatste flinter. De groente is tot eind februari lekker, dus surplus kan nog de vriezer in, rauw of geblancheerd. In zachte winters schiet de plant al vroeg en gaat bloeien in een wolk van gele bloesem. Mooi, maar al te bitter.

januari

'A self-sufficient garden does not mean digging up the dahlias and putting the lawn down to potatoes. It just needs planning.'

('Een zelfvoorzienende tuin betekent niet alle dahlia's rooien en het gazon omspitten tot aardappelakker. Het betekent simpelweg plannen.')
Jackie French, *Back Yard Self-Sufficiency, 1993*

Gans Martha zit in haar boa • de geur van mest • oude hooibergen • de kas wordt eindelijk gepoetst! • druiven snoeien en wintergroenten • hoezo, wateroverlast?! • sneeuwklokjes • de wildstand, van mol tot fazant

februari

[sprokkelmaand / ice moon]

Vanouds vormt 2 februari de waterkering in het jaar van boer én moestuinder; deze dag heet Maria Lichtmis. Religieuze betekenissen daargelaten betekent dat ploegen, het einde van de winterrust. En ik ruik verdraaid al mest, lekker 'hoog op geur', zoals chef-koks zeggen. Speenkruidblad piept overal tevoorschijn, longkruid kleurt mauve en de sneeuwklokjes worden lekker vet. Ze werken als spotlights op grauwe dagen, net als de akonieten. Heerlijk, die bolle, knalgele kelken!

Natuurvorser Richard Mabey opperde in zijn boek *Food for free* hoe je 'isophenes', waarnemingslijnen, kunt trekken van de eerste bloeiende wilde bloemen van het seizoen. Die lijnen bewegen van zuid naar noord over het land, met drieëneenhalve kilometer per uur. Wandeltempo dus, 'wat betekent,' zegt Mabey, 'dat je plezierig opslentert met de lijn van de lente, zich ontrollend als een tapijt.'

De winst van de bewaarde hooiberg

Het verheugen op wat komen gaat is de rode draad in het leven van de moestuinder, of de relatieve zelfvoorziener. In het autobiografische *The Winter Book* beschrijft de Finse auteur Tove Jansson hoe haar partner, verlangend naar de zomer, al in februari een lijst maakt van boodschappen. Die worden in mei vanuit Helsinki meegesleept naar hun afgelegen eilandje. Tussen visnetten, patronen voor het alarmpistool en motorolie (voor de sloep) staat dan plotseling 'pootaardappels'. Elke zomer teelden ze aardappels. In het kleinood *The Summer Book* doet de grootmoeder uit het verhaal dat op een zonnig akkertje in het eilandzand, onder een zeewierbed. Ze geeft ze zeewater en 'de planten produceren kleine, schone, ovale aardappels met een rozeachtige gloed.'

Ik kan wel lang staan te dromen en vooruitzien, maar aanpakken moet ook en ik jaag de nieuwe, ruitvormige schoffel door een oude aardappelril. Hij glijdt als een heet mes door een ijstaart! Met de zon op mijn bol popel ik om de hele tuin te schoffelen en in te zaaien, omdat ik nauwelijks meer geloof in wérkelijk krakende vorst of halve meters sneeuw. Maartse Nova Zembla-taferelen in eerdere jaren hier ten spijt.

Vorige herfst dekte ik voor het eerst veel bedden af met 'hooi' uit het wilde weiland, waar grassen, klavers en kruiden de zomer door uitgroeien tot heuphoogte – oase voor insecten, vlinders en vogels. Pas op een warme herfstdag wordt de wei gemaaid; de ritselende vegetatie droogt pastoraal in schoven en belandt later op een berg. Door dit maaibeleid verschraalt de wei en geeft nog meer wilde bloemen. Ik ben nogal geporteerd van hooi als moestuindekbed: het ademt goed en ruikt lekker. Eenmaal uitgespreid over de bedden leg ik er hier en daar oude dakpannen op, zodat het niet verwaait. Het ligt er nog en nu ik de losse hooimat weghaal, is de grond eronder prachtig rul en bijna onkruidvrij. Wat een verschil met de dichtgeklonken chamotteklei in kaal gelaten stukken!

Scherp, kantig spinaziezaad, vorige zomer zelf gewonnen, gaat vandaag de grond in, vorst of geen vorst. Ik schoffel mest in de toplaag van het bed, prik gaten, zaai spinazie en duw er voorjaarsknoflook tussen. Die twee houden van kou en van elkaar. En de verwijderde hooimat doet nóg eens dienst: op de composthoop.

Erfenis van de Twentse broekgronden

In de siertuin bloeit de rode *Camellia japonica* ('Jupiter') met honderden sneeuwklokjes eronder. De wilde prunusbloesem ligt als sneeuw op het kale hout, elzen hangen barstensvol snottebellen en aan jonge brandnetels loop ik de eerste fik van het jaar op. In de moestuin zet veldsla zich ronder in rozetten en verschijnt bloedzuring, met rode aders in groen blad. Maar februari is schijnvoorjaar, want de vorst keert terug. Dan maar naar de kas: mijn partner snoeit de twee druiven naar behoren terug, een witte 'Vroege van der Laan' en een blauwe 'Glorie van Boskoop'. (Vorig jaar gaf ik Laan en Glorie de vrije teugel. Een slecht plan: nauwelijks druiven en een jungle aan blad.) Ik gooi plantenresten op de composthoop, spuit aanslag van de ruiten en kiep vermoeide aarde van zaaitafel en -bed bij de kippen. Kirrend graven ze naar pissebed en luis en liggen later indolent in de poederige grond te dweilen, stuivend met hun vleugels.

Zo wordt de kasgrond eerst kippenbanket en dan stofbad.

Voor menig tuinder mag dit jaargetij de stilte voor de storm betekenen, bij mijn ganzen is er al een orkaan opgestoken: de paring. Het ritueel vindt soms plaats op de wateremmer – de gans dubbel geklapt en de gent er wankelend bovenop – maar liever in de grote vijver. Al zwemmend kantelt de gent zijn dame voorover. Dat vereenvoudigt de drieste daad die in duo's en trio's wordt uitgevoerd, met onze vijver als de whirlpool van Casa Rosso. Na de paring stoot de gent een vreugdekreet uit, klapwiekt omhoog en scheert achterwaarts over het water, gelijk tv-dolfijn Flipper. Overigens, als de dame *in the mood* is bijt ze haar uitverkoren man in de schouder ('ach, toe nou, schat!') en soms wordt hij, denkend ontspannen te snorkelen in bad, de hele vijver doorgejaagd.

Ganzen leggen hun eerste ei rond Valentijnsdag en Jona houdt zich aan die ingeboren agenda: op 12 februari ligt er een exemplaar van 175 gram in de stal. Iedereen heeft zo zijn moment van seizoenkentering, wanneer de late winter voorjaarstrekjes krijgt (de eerste keer buiten zonder jas! Molshopen! Met een mol, nog wel!) en een ganzenei is dat voor mij. Jona legt om de dag. Gebakken ganzeneieren zijn ongelooflijk lekker: romig, diep van smaak, stevig, met een bolronde diepgele dooier van zeven cm doorsnee en bijna blauwwit eiwit. Eiwitten, moet je zeggen, want juist bij verse eieren is te zien hoe mooi ze uit verschillende onderdelen bestaan, het zachtere eiwit nog beschermend om de dooier heen.

Jona, Tijn, Lobbes en Ties zijn Twentse Landganzen, B- of C-keus van de fokker, maar zeldzaam, want dit is de laatste boerenlandgans van Nederland: middelgroot, wildkleur op flanken, rug en kop, blauwe ogen, snavels als worteltjes en een witte borst. Ik houd deze dieren omdat ze mooi, slim, geestig en gemoedelijk zijn en omdat – ach, sentiment! – ikzelf Tukker van geboorte ben. Daarnaast leerde ik ze kennen en bewonderen, ongeveer zoveel als twee grote ganzenliefhebbers én Nobelprijswinnaars tezamen: schrijfster Selma Lagerlöf en diergedragbioloog Konrad Lorenz.

De ganzen vervullen ook Een Grote Ecologisch Taak: ze houden een flink grasveld bij, zodat wij dat minder frequent machinaal (en dus vervuilend) hoeven te maaien (handmatig maaien zou bijna sisyfusarbeid zijn) en dat gras zetten ze om in kilo's geweldige mest en hectoliters gier: het water uit hun minivijvertjes, waarin vrijelijk wordt gepoept, giet ik over composthopen of schrale moestuindelen. In de ruiperiode raap ik hun veren op (perfect composteerbaar), of geef ze als materiaal voor pijlen aan een boogschietende vriendin. De ganzendames leggen die verrukkelijke eieren en met zijn allen poetsen ze een overschot aan paardenbloem en zuring weg, maar bovenal: ze zijn totaal beminnelijk.

Woeste waterpartijen en wilde jacht in het bos

Op mijn ex-volkstuin in Haarlem kon het zo ongenadig zompig zijn dat het hele complex leek te drijven. Juist in februari. De eerste februari hier was even nat. Door slagregens en een hoge grondwaterstand liep de kelder vol, dus alle hens aan de dompelpomp. Bij de kelderdeur stonden zevenmijlslaarzen klaar, voor het geval we behoefte gevoelden aan wijn of ingelegde peertjes uit de ondergelopen diepte.

van het land

Dan klonk het bonk bonk bonk (trapje) en plons plons plons (de ondergelopen vloer) en vaak ook nog Au! ah#grr!*!!, als we vergaten hoe laag de zoldering was. Bij het regelmatig leegpompen regisseerde mijn partner de gorgelende waterstralen naar omhoog en loodste ik ze de plee in. Na die eerste keer zijn we nooit meer ondergelopen, wat fijn is voor de kelder en ons, maar jammer voor de collectie Barre Ervaringen in het Hoge Noorden, met plezier opgedist aan logees uit het Westen, zoals: het bij maanlicht redden van de grote Gunnera aan de vijverrand tegen plotse strenge vorst (totaal mislukt), het binnenhalen van vergeten tuinmeubels in stormkracht tien (nét aan gelukt) en het bereiken van Nova Zembla vanuit de Randstad met 17 km per uur, dwars door sneeuwjachten heen die het land lam legden (de hemel zij gedankt eveneens gelukt).

Rond half februari zijn de sneeuwklokjes op hun mooist. De botanische narcissen krijgen al kleur in de kop. Dit is de tijd waarin veel wild is te zien. Uiteraard vogels, die vrolijk mee-eten van het kippenvoer. (Sinds we hier wonen is de mussen-, merel-, vinken- en tortelduivenstand met sprongen gegroeid.) Er wonen roodborstjes en lijsters in de tuin, naast kraaien, kauwen, eksters en overwinterende goudhaantjes. (In andere seizoenen zien we kwikstaartjes, kramsvogels en koperwieken.)
Op een dag spot mijn partner het winterkoninkje. Hij springt op neer om kastanjebladeren aan te stampen voor een van zijn beroemde collectie nesten (wel zes, waaruit het vrouwtje mag kiezen!). Het nestelkastje dat mijn partner van een wijnkist timmerde is al schoongemaakt en wordt door koolmezen geïnspecteerd. In het bos hamert de grote bonte specht en fazantenhanen rennen 's ochtends schor klokkend door de boerenkool. Ze overnachten vaak in de wilgen en populieren. In een heldere maannacht horen we roepende wulpen.
Andere vogels zijn er ook: in het bos liggen soms verenpakketjes. De handtekening van de sperwer, die soepel zwenkend door de bomen dertig kilometer per uur haalt en dan, accelererend, zich met vijftig kilometer per uur op een prooi stort. Zoals op ons Klaasje, kip van het eerste uur. In één klap naar de vogelhemel. Ook dat is het buitenleven.

februari

Ossenstaartsoep (ongebonden), met madera en kievietsbonen

200 g (gedroogde) kievietsbonen
(of andere gedroogde bonen)
900 g ossenstaart, in stukken van
ca. 5 cm
25 g boter
2 el. olijfolie
1 ui, gepeld
1 peen, schoon geschraapt
5 takjes peterselie
7 takjes selderij
1¼ l water
½ el. zout
5 takjes tijm
2 laurierblaadjes, ingescheurd
(voor meer smaak)
cayennepeper
scheutje droge of medium dry
madera

Zet de bonen 1 nacht onder ruim koud water. Spoel ze af en kook ze afgesloten op zacht vuur met een klontje boter in water dat 1 cm boven het bonenoppervlak uitkomt, ca. 1 uur. Houd apart. Was het vlees en dep het droog. Verhit de boter en olie schuimend in een grote, stevige soeppan en bruineer de stukken ossenstaart zorgvuldig rondom tot ze nootbruin zien; haal ze uit de pan. Hak ui en peen en bruineer 2 min. op getemperd vuur. Hak peterselie en selderie grof en bak die, op nog lager vuur, 30 seconden mee. Giet het water bij de groenten, voeg vlees, zout, tijm en laurier toe, breng de soep aan de kook en zet dan afgedekt op het kleinste vuurtje. Laat minstens 4 uur – maar liever 5 uur – trekken. Haal het vlees uit de pan, zeef de soep, druk groenten en kruiden goed uit in de soep, pluk de lekkerste stukjes vlees van het bot en voeg die toe.

Serveren: verwarm de bonen, laat uitlekken en verdeel over 4 borden, schep er soep over. Serveer glaasjes madera ernaast (en giet in de soep).

'Caws Poby', met prei, witlof en een goudrenet (V)

Lijkend op nationaal gerecht Welsh rarebit, en minstens zo geliefd, is deze 'gebakken kaas' uit Wales: gegrild op geroosterd brood. Ik geef er witlof bij, en prei, het Welsh symbool.

4 preien
4 stronkjes witlof
ca. ½ l bouillon
flinke scheut (spelt)bier
15 g boter
1 el. bloem of maïzena
250 g geraspte kaas: Welshe,
Cheddar of boeren- of schapenkaas
1-2 tl. worcestersaus
lik mosterd (Colman's, Tracklement's)
4-5 el. bier
versgemalen zwarte peper
4 sneetjes brood, aan 1 zijde
geroosterd

Maak de prei schoon en laat zoveel mogelijk groen eraan! Halveer de stengels zonodig in de lengte en breedte. Maak ook het witlof schoon, haal het stronkje binnenin er niet uit. Dat geeft juist smaak. Breng bouillon en bier aan de kook in een brede, lage pan, doe de groenten erin en laat deze afgedekt op laag vuur pocheren. Intussen: verwarm de grill voor. Smelt de boter in een pan met dikke bodem. Voeg roerend bloem toe, daarna kaas, worcestersaus en mosterd. Giet het bier er lepelsgewijs bij en verwarm het mengsel roerend tot de kaas geheel is gesmolten. Verdeel het mengsel over de boterhammen (aan de ongeroosterde zijde) en schuif ze onder de grill tot de bovenzijde goudbruin kleurt.

Serveren: met de uitgelekte prei en witlof.

Zo'n onvervangbaar ganzenei...

'Eieren van wilde vogels kun je garen door ze in mos te wikkelen en in het vuur te leggen. Als je "plop" hoort zijn ze hardgekookt,' schrijft 'wildlife hero' Ray Mears. Maar het kan ook zo...

scheutje olie of klontje boter
1 vers ganzenei p. p. (of 2-3 opperbeste kippeneieren p.p.)

Verhit het vet in een stevige koekenpan tot het bruist, breek het ei (met enige kracht!) en bak het op nogal getemperd vuur tot de eiwitten geheel zijn gestold (ca. 5 min.).
Serveren: direct, met een beetje zout en reepjes geroosterd, beboterd brood. Ah! Extra vullend, als maaltijd? Klop er een omelet van en stort die over van tevoren gebakken repen (lams)ham, halve uiringen, aardappelblokjes en croutons brood.

'Pastinakelspot' met knapperige spruitgroenten (V/Vegan)

Rozemarijn versterkt de zoete pastinaakgeur en een paar druppels balsamico bieden diepte en frisheid, net als peterselie. Spruitgroenten geven die gezonde knauw!

1 kg pastinaken, schoongemaakt
1 kg uien, gepeld, in ringen
1 kg kruimige aardappels, geschild
zout en boter (of margarine)
1 el. verse rozemarijnnaaldjes, zeer fijngehakt
2 laurierblaadjes
loof van 10 takjes peterselie
enkele druppels rijpe (witte) balsamicoazijn
100 g spruitgroenten (van prei, broccoli, radijs, alfalfa)

Halveer de pastinaken in de lengte (houd 1 kleine pastinaak apart). Controleer of de binnennerf houtig is, haal hem dan weg. Hak de uiringen in stukjes van ca. 1 cm, halveer de aardappels zonodig. Breng de groenten in een pan lichtgezouten water aan de kook (gebruik zo min mogelijk water) met rozemarijn en laurier en gaar tot de groenten stampbaar zijn. Verwijder laurier en stamp de groenten met peterselie, azijn, niet te zuinig boter, en het pastinaakje, fijn gehakt.
Serveren: met ultrakort geroerbakte spruitgroenten en knapperig gebakken rooktofu.

februari

Choucroute garnie à l'Alsacienne, op kosjere wijze (voor 6-8 pers.)

Een magnifieke klassieker, waarbij varkensvlees is vervangen door heerlijke alternatieven, en boter door schmalz (kippenvet).

2 kg zuurkool (naturel)
1 el. schmalz of (kosjere) margarine of olie
1 winterpeen, in blokjes
2 grote uien, gepeld, elk bestoken met 1 kruidnagel
1 el. jeneverbessen
2 knoflooktenen
2 tl. peperkorrels
1 tl. karwijzaad, licht gepoft in een droge koekenpan
250 g gerookte ossentong of (kosjere) pastrami (plak)
350 g pekelvlees aan een stuk
2 glazen witte wijn (Sylvaner, Riesling of droge Gewurztraminer)
1-2 mooie renetten (Reine de Reinette, Rode van Boskoop), geschild, grof gesnipperd
2-3 fazantensaucijsjes of lamsaucijsjes (liefst met appel en tijm)
1 ambachtelijk rookworstje van rund (ca. 200 g)
1¼ kg lichtbloemige aardappels (Santé), geschild
enkele schijfjes ossenworst

Verwarm de oven voor op 190 °C. Trek de zuurkool in plukjes uit elkaar. Smeer een grote, goed afsluitbare braadpan die in de oven past in met vet. Verdeel eenderde van de zuurkool over de bodem. Voeg wortelblokjes en uien toe. Doe jeneverbessen, knoflook, peper en karwij in een neteldoekje, bindt het dicht en leg op de groenten; leg daarop tong of pastrami, nog ca. $\frac{1}{3}$ zuurkool, dan pekelvlees en eindig met de resterende zuurkool. Begiet het geheel met de wijn en zoveel water tot alles net onder staat. Leg de appelsnippers erop, sluit de pan, breng aan de kook en schuif de (gesloten) pan $2\frac{1}{2}$ uur in de oven. Na 2 uur: pocheer saucijzen (25-30 min.) en rookworst (ca. 10 min.). Kook de aardappels (ca. 20 min.) in een bodem lichtgezouten water gaar, giet ze af, schud ze op en laat ze uitstomen.
Serveren: verwijder het neteldoekje, verdeel zuurkool en vlees over verwarmde borden, beleg met ossenworst en serveer met aardappels en wijn.

1 rodekool (vuil gewicht ca. 1350 g)
2 el. olijfolie
150 ml water
10 gedroogde vijgen, steeltje verwijderd, in kwarten
2 kaneelstokjes
8 el. grof gehakte walnoten
4 takjes verse tijm of 2 tl. gedroogde
75 ml balsamicoazijn of rijpe rode wijnazijn
50 ml witte wijnazijn

Rodekool met tijm, walnoten en vijgen (V/Vegan)

Snijd de kool in kwarten, verwijder de doffe buitenbladeren en witte stronk binnenin; snijd de kool in dunne reepjes. Roerbak deze 2 min. op matig vuur in hete olijfolie (in een grote, hoge pan met dikke bodem). Voeg water, vijgen, kaneel, walnoten en tijm toe, breng aan de kook en laat de kool 20 min. afgesloten sudderen. Giet de azijn erbij en stoof de kool op zacht vuur nog 40 min. Schep hem 2 of 3 keer om.
Serveren: met diepbruin gebakken wilde paddenstoelen of portabello's en een mooie, droge afkoker.

van het land

Rijstpudding met amandel en abrikozen (V/Vegan)

250 g gare rijst (volkoren, of paprijst)
100 g amandelen met vlies
400 ml warm water
20 gedroogde abrikozen (ongezwavelde)
boter, margarine of notenolie extra vergine
enkele draadjes saffraan of saffloer
1 el. citroensap
mespunt gemalen vanille of half, gespleten vanillestokje
4 el. abrikozenbeleg plus extra

Schakel de oven op 140 °C en zet er een ingevette, ovenbestendige (pudding)schaal (1 l) in. Doe de rijst in een pan met dikke bodem (omgespoeld met koud water). Maal de amandelen tot broodkruimels, meng ze met het water, roer goed. Hak de abrikozen in kleine stukjes en roer ze door de rijst. Zeef het amandelvocht (dat dient als – heerlijke – 'melk') en giet bij de rijst. Bewaar de amandelpulp. Voeg 1 el. boter (of vervanger), saffraan/saffloer, citroensap en vanille aan de rijst toe en breng langzaam, roerend aan de kook, op laag vuur; wacht tot het een mooie, dikke brij wordt (ca. 10 min.) Roer amandelpulp en abrikozenbeleg erdoor, verwarm mee en schep de rijst in de schaal. Verwijder het vanillestokje. Leg hier en daar botervlokjes en abrikozenbeleg. Schuif de schaal in de oven, schakel de temperatuur na 15 min. uit; laat de schaal erin staan.
Serveren: lauwwarm!

Paardenbloemwortel 'doppio tostato' (V/Vegan)

12-20 paardenbloemwortels, loof verwijderd

Op zijn tijd is 'wilde koffie' een traktatie: notig, vol en met een aangenaam bittertje. Leuk om je eigen 'dubbel geroosterde' op te graven. Juist in herfst en winter zijn paardenbloemwortels dik en smakelijk.

Borstel de wortels zorgvuldig of was ze. Droog ze door en door, op de (hout)kachel of radiator, tot ze als knapperige takjes aanvoelen (dat duurt soms enkele dagen). Hak de wortels in stukjes van 1 cm en rooster ze omschuddend kort in een droge koekenpan op hoog vuur. Laat ze op een luchtige plaats afkoelen. Rooster ze nogmaals: hoe bruiner, hoe krachtiger de koffie! Dubbel gebrand, dus. Laat ze afkoelen en maal ze in een koffiemolen; strooi het maalsel in een voorverwarmde kan en begiet met kokend water, maar houd de koffie 'sterk'. Roer krachtig, laat 30 seconden staan.
Serveren: giet door een zeefje in kleine, voorverwarmde kopjes, heet, sterk en zwart. Geef er desgewenst honing en schuimend geklopte melk bij.

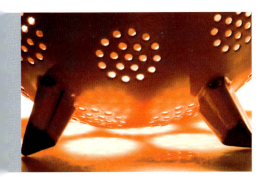

februari

Actie in februari

Sneeuw en vorst: veeg sneeuw van de paden in de borders. Loop niet op het grasveld (dat laat kale plekken na). Tik teveel sneeuw met een stok van kwetsbare planten, bomen en heesters. Pak vorstgevoelige planten in met kranten en draad, of in rietkragen gevuld met bladeren of los stro. Overdrijf niet – vorst is vaak pas erg als er direct hoge temperaturen volgen: door ontdooiend ijs barsten de cellen. Zet bij zeer gevoelige planten een rieten scherm, tegen wind en de felste zon.
Trek **artisjokken, kardoenen, dahlia's** zonodig verse 'sokken' aan van compost met daarover riet, hooi of bladeren. Voorzichtig weghalen zodra de temperatuur stijgt.
Bij plaatsing van **koude bak of koude kas:** kijk juist nu waar de zon lang schijnt, voor vroege teelt. (Ook nazomerzon is belangrijk, om de teelt te verlengen.) Bij bestaande bakken/kassen: maak ruiten schoon van groene aanslag met heet water en citroensap en controleer of er reparaties nodig zijn. Verwijder de bovenste laag aarde (minimaal 20 cm); doe dat met beleid rond wortels van overblijvende planten, zoals druiven en vijgen. Prik diepe gaten, om de 30 cm, en richt er 15 minuten een fikse waterstraal op, totdat de aarde drijft. Zo spoelt u overtollige zouten weg. Houd ramen en deuren open, sluit ze pas 's avonds. Steek her en der **knoflooktenen** in de grond, tegen muizen en mieren.
Schep op zaaibed en zaaitafel een laag van minimaal 10 cm grove **compost**, desgewenst vermengd met mestkorrels, en daarop 20 cm gezeefde (middelgrote zeef) compost met grit en scherp zand erdoor. Zaai mondjesmaat alvast, bij mooi weer!
Begin **zwarte bessenstruiken** te voeden en mulchen met compost. Die wortelen licht en zijn veelvraten van heb ik jou daar.
Druiven – snoei ze bij zacht weer stevig terug, tot 3 'ogen'. Geef draagtakken steun met stokken en draden en biedt de plant grove compost, speciale, ecologische druivenmest en kalk, als imitatie van de mergelbodems waarin ze van nature gedijen.
Spruitgroenten als alfalfa en taugé, maar ook broccoli en mierik, of mengsels, kweekt u eenvoudig in stapelbakjes, verkrijgbaar in de ecowinkel, kookwinkel etc. Gespruite groente is waanzinnig gezond en nu een welkome vitaminebron!
Tijm komt de winter uitstekend door mits beschut tegen regen (de plant verdraagt kou beter dan vocht). Zet een 'tunneltje' van plastic over de plant.
Pastinaken, die mooie, antieke 'witte wortelen', blijven in goede conditie in de wintergrond en worden zelfs zoeter na een nachtvorstje. Graaf ze op als u ze nodig hebt. Laat enkele pastinaken staan, die maken in het voorjaar prachtige, 2 m hoge schermen die felgeel bloeien en vervolgens in bronskleurig zaad schieten. De bloesems trekken **zweefvliegen aan, uw beste hulp tegen luis!** En de zaadjes zijn erg geliefd bij kleine zangvogels, ook nuttige opruimers! Nieuw gekiemde planten zet u eenvoudig uit daar waar u ze wenst (altijd in niet recente bemeste, zeer goed doorlaatbare aarde met wat kalk – meng door klei zand en kippengrit). Gebruik jonge pastinaakblaadjes als kruid: ze smaken verrukkelijk naar selderij.
Warmte door dakpannen: bij onverwarmde kassen/koude bakken zonder stenen opbouw: verzamel oude dakpannen (of bakstenen), schrob ze schoon en zet ze rechtop, elkaar licht overlappend, als onderste rand in de hele kas of bak. Binnen én buiten is ideaal. Geef ook zaaitafels een rand van dakpannen. Deze nemen straks de zonnewarmte op en stralen die nog lang na, gunstig voor de eerste gewassen.
Zaaien, algemeen: volg de instructies op de zaadzakjes nauwkeurig! En bewaar de zakjes goed, als geheugensteuntje! Zet zakjes met overgebleven zaad bij de **volgende maand** in uw schoenendoos, zodat u niet vergeet dan opnieuw te zaaien. Alle houders, plastic zaaibakken of trays zijn uiteraard (eindeloos) te hergebruiken, net als plastic flessen met afgezaagde bodems (minikasjes). Reinig ze goed met heet water en citroensap.
De eerste zaaigroenten en -kruiden: zaai spinazie, rucola en raapsteeltjes in de koude

van het land

kas; maar ook selderie en peterselie (die traag kiemen) en bieslook kunnen nu al in rijtjes worden gezaaid in de zaaitafel of in wc-rolletjes. Zet naambordjes met data erbij.

Graaf op beschutte plekken in de tuin al enkele rolletjes in zodra het plantje 4 'eigen blaadjes' maakt (na de kiemblaadjes).

De opzet van de composthoop! Maak in halfschaduw of onder een vlier 1 x 1 m vrij, woel de grond losser en bedek hem kriskras met gehakselde takjes. Dat biedt lucht en entameert wurmenverkeer. Stort er afwisselend lagen op van gehakseld snoeihout, bladeren, aarde, een poederlaagje kalk, keukenafval, grasmaaisel, biologische dierlijke mest (van koe tot konijn; varkensmest zeer mondjesmaat). Minimale maat van de hoop: 1 kubieke meter. Hoe fijner al het compostspul, hoe sneller de hoop 'werkt'. Zet een tak rechtop middenin de hoop en beweeg die af en toe, voor beluchting. Dek de hoop tussentijds telkens af, dat helpt de 'rijping' en houdt de temperatuur op peil. Gebruik een versleten gordijn, oude T-shirts, het Perzisch tapijtje van oudtante dat niemand wilde hebben, of stukken karton, die trekken nuttige beestjes aan: die breken af, bouwen op en zorgen voor beluchting. Controleer regelmatig of de hoop niet te droog is. Zet de hoop helemaal om (het onderste komt boven en vice versa) zodra het warmer wordt. Vuistregel: bij koud weer elke 6 weken, bij warm weer elke 2 weken. Een hoop is 'klaar' als de compost kruimelig is, lekker ruikt en zelfs met een handschepje op te scheppen is, maar hij hoeft niet zo fijn als tuinaarde te zijn. 'Klaar' is een hoop na 6-12 maanden.

Wormeries zijn compostbakjes voor kleinbetuinden of balkontuiniers. Overgewaaid uit de VS en Engeland en erg nuttig! Check internet voor (Nederlandse) websites/verkoopadressen.

Bakken vullen! Balkontuinder? Vul alle beschikbare bakken, teilen, troggen of oude rubberlaarzen met half compost en half potgrond voor vroege teelt. Maak afwatergaatjes en strooi eerst fijn grind of kippengrit op de bodem. Vergeet niet in *etages* te denken: één bak op de grond is zonde, daar kunnen vast nog vier of vijf hangmanden (denk: aardbeien!) boven.

Voorjaarsknoflook – veel knoflook kan al in november de grond in (knoflook zet beter vrucht na kou); het ras 'Printanor' poot u vanaf eind februari, in vorstvrije, niet 'verzopen' grond. Duw gepelde tenen 12 cm in goed losgewoelde, vruchtbare aarde (niet overdreven bemest). Goed doorlaatbaar is belangrijk, tegen rot. Kies een zonnig, beschut bed. Zet de teentjes met 12 cm tussenruimte in de aarde, met 25 cm tussenruimte in de rijen om te schoffelen. Houd de boel vochtig, niet nat. Zie ook juli en augustus! NB: biologische knoflook blijft vaak klein maar vergoedt dat met zijn intense smaak.

februari

ANNEX I   Tuin, aarde en verzorging

Over de aarde en uw tuin

Het uitgangspunt van dit boek is het land. Met een tuin (en lees daarvoor telkens ook volks- of balkontuin of dakterras) beheren we een eigen, veilig, omheind stukje land. Het is het waard om dat land, die tuin, te koesteren, door er een gezond, biologisch evenwicht te brengen. Daarmee schept u de perfecte voedingsbodem om er allerlei gewassen te telen, en dat is in vele opzichten een fantastische ervaring!

Bij het telen geldt een gouden principe: voed de aarde en de aarde voedt u... dus hoe meer goede voeding u aan de aarde schenkt, hoe meer prachtige, gezonde en vreselijk lekkere gewassen u terugkrijgt. Heerlijk toch!? Nu is het mooie dat u veel van de bouwstenen voor zulke voeding letterlijk in huis heeft: afval. Maar 'afval bestaat niet', zoals het heet: afval is voedsel in de dop voor de aarde, waarna de aarde u voedt met gewassen die dankbaar van die verrijkte aarde gebruikmaken. Alles wat u niet nodig hebt gaat weer terug in de aarde. Dat is nu de *kleine kringloop* van uw tuin, keuken en huishouden. En om die kringloop te laten draaien krijgt u hulp. Van natuurlijke omstandigheden en van mij, via dit boek. Voor u het weet hebt u zo'n kringloop in gang gezet, geloof me maar!

Gezonde aarde willen we. Dat houdt in: geen kunstmest, geen pesticiden of insecticiden, geen 'vuile' mest (vol antibiotica of vermalen tropisch hardhout erin), geen compost met turf erin (dat is weggezogen uit onvervangbare veengebieden) en geen chemisch behandelde, genetisch gemanipuleerde zaden. Wat dan wel? Zelfgemaakte compost, biologische mest(korrels) en zaden en (her)gebruik van duurzame of natuurlijke producten, van Nederlands hardhout tot regenwater! Dat alles is overal te krijgen, waar u ook woont.

Om te zorgen voor gezonde aarde geef ik u tips, net als over de gewassen die u kunt telen. Gewassen stellen eisen aan de tuin: licht, zon, voeding, water en beschutting. Dus ligt de modelmoestuin op het zuiden, beschut tegen oosten- en noordenwinden... Ja, ja!

Gemakkelijk gezegd, nietwaar? Toch, veel is mogelijk, zelfs in een tuin op het noorden! Klein beginnen en gaandeweg leren is een goed idee. Net als het aanleggen van een eenvoudige koude bak, het scheppen van een verhoogd bed of het maken van een 'keukendeurkist', een minimoestuin bij de voor- of keukendeur. Daarvoor doe ik u diverse suggesties. Lees erover in Annex II, III en de 'actiepagina's!'

Hier zijn alvast *vijf basistips*, die u hopelijk ook (op weg) helpen:

I.   U werkt mét de natuur, niet ertegenin, dus accepteer uw tuingrond, het weer en 'medebewoners' in de tuin, van roodborst tot slak. Des te eerder wordt de tuin een heerlijk onderdeel van uw leven.
II. Bedenk dat er vele wegen zijn die naar Rome leiden. Gun uzelf ruimte voor experimenten en 'falen', daarvan leert u altijd (en sneller!).
III. Een biologische tuin vraagt tijd, arbeid en geduld, maar het is de gezondste tuin. Voor mens, dier en plant.
IV. Houd, als het kan, enkele kippen (geef ze absoluut genoeg goede leefruimte). Een extra dimensie! Voer uw kippen biologisch en geef ze planten- en keukenresten. Ze bieden u er schatten voor terug: plezier, verrukkelijke eieren én hoogwaardige mest.
V.   Nogmaals: voed de aarde en de aarde voedt u. Dus maak compost, maak compost, maak compost!

Over grondsoorten

Uw tuin bestaat uit aarde. Daarvan heb je allerlei soorten. Heel globaal: kalkgrond, zandgrond, zandleem, klei en veen. En alle gradaties daarvan (van vuurklei tot trilveen, van geestgronden tot zavel). Puur zand vind je alleen in de duinen en op het strand. Grond met voornamelijk zand of kalk erin is los, niet erg voedzaam en houdt water slecht vast, maar warmt wel lekker snel op. Zulke grond, en ook zandleem (met wat klei erdoor), leent zich goed voor gewassen met dunne of diep priemende wortels, zoals peentjes, witlof, schorseneren en asperges of voor gewassen die natte voeten haten, zoals mediterrane kruiden. Dikke leem en zware klei zijn prima voor fruit en zwaardere gewassen als uien, aardappels en kolen. Ze bevatten veel voeding en vocht. Nadeel: klei en veen houden water zo goed vast dat het bij pittige regenval vaak blubber wordt en de bovenlaag van klei bij heet weer tot steen bakt! Op veen kweek je prima rabarber en veenbessen (*what's in a name*), maar voor veel groenten is veengrond te zuur, daar moet kalk bij.

Maar nu: welke aarde hebt u? U kunt monsters nemen en naar een onderzoeksinstituut zenden (prijzig), zelfhulpkits kopen in het tuincentrum (waarom niet) of (veel leuker): kijken en voelen! Doe dit snelle testje: rol wat tuinaarde tussen uw handpalmen tot een potlooddikke sliert. Als het niet te rollen is: wrijf tussen duim en wijsvinger een partje uit. Niet samenhangend? Zand of kalkrijke grond. Wel samenhangend? Zandleem. Als het te rollen is: versmeer het monster tussen duim en wijsvinger: is het stroef? Dan is de samenhang nog dichter en heet het leem, of lichte klei. Een glad glijvlak? Dat is zware klei of veen. Klaar! Dus verwacht geen asperges in zware klei en geen supergrote kolen op zandgrond. Tenzij u speciale bedden aanlegt (wat soms kan). Veel beter is: verzorg de aarde die u hebt. Want uit welke grondsoort uw tuin ook bestaat, elk type heeft baat bij voeding, en bij een structuur waarin wortelgestellen zich kunnen vormen en water, lucht en voeding diep doordringen – zeker als u er jaarlijks moestuingewassen van wilt oogsten.

Over voeding: compost, mest en humus

In een biologische tuin is voeding organisch materiaal: het verzamelwoord voor al het plantaardige en dierlijke materiaal op en in de bodem, zowel levend als afgestorven. De onderverdeling daarvan is: compost, mest en humus.

Compost bestaat uit: afval uit de tuin en vijver, uit de keuken (klokhuizen, koffieprut, eierschalen, groente- en bloemenresten) en wat u verder nog aan nuttigs heeft, van een stuk karton en opgeveegd vuil uit de gang tot kapot geknipte oude T-shirts. Dit 'afval' is de opmaat van nieuwe oogst! Geholpen door het bodemleven (bacteriën, schimmels, algen, insecten, slakken, compost- en regenwormen) wordt dat afval samen met mest en grasmaaisel een compost om te zoenen! Uitgezonderd logische producten (ijzer, glas, etc., die u kunt recycleren), en uitgezonderd resten van vlees, vet en gegaarde voeding (die naar de kippen of de gesloten compostbak gaan, waar ongedierte er niet bij kan komen) is veel afval composteerbaar, mits in verhouding: liever van alles iets, dan veel van één. Hoe kleiner het spul hoe sneller het proces. Kortom: knip, haksel en snijd!

Zie voor meer tips over compost maken de actiepagina's van januari, februari, maart en december.

Mest is dierlijke, oftewel verse, oftewel 'ruige' mest. (Menselijke mest werkt ook maar laat ik hier buiten beschouwing.) Alle dieren laten mest achter, van hommels tot merels. Dat is echter te weinig voor het bloemkoolbed, want veel 'productie' vraagt om veel mest. En die is meestal afkomstig van runderen, paarden, kippen, konijnen, ganzen of ezels. Mest is erg rijk aan voeding, maar te scherp om direct te worden gebruikt: het werkt dan als overdosis. Dat levert slappe plantjes op of verbrandt plantenwortels. Daarom wordt mest a) alleen bovenop kale bedden aangebracht, in herfst en winter, waar het tijd heeft te verteren, zeker bij vorst; b) verdund tot gier (1 deel op minimaal 5 delen water, 10 is beter) of c) gaat het op de composthoop, waar het de vertering bevordert en de hoop sterk verrijkt. Verse mest afgedekt laten rusten kan ook, maar scherpe vloeistoffen spoelen eruit. Dat is ecologisch gezien vervuilend (oppervlaktewater) én doodzonde, want die vloeistoffen jagen het verteringsproces in de composthoop juist flink op.

Hoe komt u aan mest? Knoop betrekkingen aan met biologische veehouders, kinderboerderijen of eigenaren van paard, pony of ezel. Maar pas op bij manegemest: die zit helaas vaak vol mot en zaagsel van tropisch hardhout. En daarmee vermoordt u uw planten juist! (dat geldt ook voor houtas van tropisch hout). Nee, dan veel liever eerlijke vijgen met ouderwets goed stro erdoor van de buurpony's!

Biologische mest verwerkt tot korrels bestaat eveneens. Gebruik die nooit verkwistend, volg aanwijzingen op de verpakking. Zelf dieren houden geeft vaak de zuiverste mest: u weet welke voeding u geeft en welk stalstrooisel u gebruikt.

Humus - van mest en compost wordt een deel rechtstreeks voeding voor de planten (als een stevige boterham) en een deel wordt humus. Dit diep donkere, reeds zeer goed verteerde spul dat door verrotting of vermolming van plantenresten is ontstaan, wordt ook wel teelaarde genoemd. (Een 'rijpe' composthoop heeft vaak al een mooi deel humus aan boord.) Humus zweeft als een los breiwerk in uw grond; het werkt als reservoir voor lucht en water en voedt uw tuin als in een time-releaseprogramma. Compost, mest en humus worden alledrie uiteindelijk zeer voedzame aarde, die kalk- en zandgrond rijker en minder doorlatend maakt en leem, klei en veen juist losser maakt. Zulke voeding herstelt op den duur ook tekorten aan mineralen in uw tuin.

En dan is er nog **levende, 'groene' mest**. Zie daarvoor Annex III over groenbemesters.

Tuin, aarde en verzorging

'De echte tuinier heeft iets van een tovenaar. Er wordt in magische brandnetels geroerd en overal staan kabouters. Ze duiden op geheime krachten en onzichtbare elementen, die aan de groei meehelpen.'

Wolf-Dieter Storl, *Bekannte und vergessene Gemüse, 2002*

Zaaien in de kas: radijs, raapsteeltjes, rucola • een pril botanisch tulpje! • het principe is zo simpel: voed de aarde en de aarde voedt jou • de veelzijdige brandnetel • vee is prachtig • een 'flat' met hele aparte bewoners • de eerste kippenkuikens!

maart

De geboorte van een lam, dat ik mag 'halen'.

Maanden geleden sloot ik een belangrijke deal, met vriend A., biologisch schapenboer. Als getogen stadse had ik nog nooit de geboorte van vee meegemaakt en A. beloofde me tussen januari en mei een plethora aan lammeren. Vroeg op een ijskoude maartmorgen rinkelt de telefoon ('kom direct!') en ik voel me de Engelse veearts James Herriot. Scheurend over landwegen draai ik à la de *country vet* uit Yorkshire het erf van A. op, verwissel snel schoenen voor klompen en loop de stal in, met een hoofd van 'waar is de patiënt?'

Binnen gaat het baren achter elkaar. A. draait elk kwartier een ooi op haar zij; kort daarna weerklinkt er een diepe kreun: 'aarrgh-oempf.' Verschillende geboortes woon ik niet alleen bij, knielend in het stro, ik mag zelfs een lam 'halen'. Geweldig moment, de hoefjes warm en hard in mijn hand. A. is druk met het tweede lam en het 'mijne', nog nat en trillend, raakt helemaal verliefd op de schapenwollen voering van mijn jack.

Een kalf hebben we ook nog geprobeerd. Het aarzelde met arriveren tussen Oudejaarsavond en Nieuwjaarsmorgen. Appelflapjes kauwend keken A. en ik naar haar bolle flanken en uithangende ballon, maar noppes. Tegen twaalven reed ik bijverlicht door vuurwerk naar huis om op tijd met mijn partner het glas te heffen en keerde de volgende morgen terug. Een schitterend stierkalf met de mooiste ogen ter wereld keek me aan. Vee is prachtig.

'Ben je al lekker aan het zaaien?'

Hoewel ik claim het liefst met de ganzenveer te schrijven, of met een vulpen, is elektronische post als je op Nova Zembla woont erg prettig. Familie en vrienden waaien uiteraard minder frequent aan dan toen we nog in het Westen woonden. Komen ze, dan liefst een lang weekend en – alsof de duvel ermee speelt – bij voorkeur allemaal tegelijk. Dus is er logeer-arrangeermail, even-bijpraten-mail en tuinmail. 'Lieve M.,' schrijf ik half maart in antwoord aan een vriendin die het volkstuinieren oppikte of ze nooit anders had gedaan en een lusthofje schiep, ergens in Kennemerland. 'Lieve M., ben je al lekker aan het zaaien? Hier staan de tuinbonen in de grond en ik heb gisteren een tweede spinazielading gezaaid: 'Noorman', rondzadig, langzaam kiemend maar ook niet snel schietend. Vorig jaar zaaide ik Groninger rabarber en van de negen zaailingen bleven vijf sterke planten over! In de herfst zijn ze verpoot naar hun vaste plek met een geweldige schep mest onder de bips. En een druppel Bach Remedy. Idee van mijn partner, want als het goed is voor mens en dier, dan ook vast voor de plant. Ik wist niet dat de wortels van rabarber op okerkleurige knolselderij lijken. Prachtig. Nu steken de neuzen omhoog en zie je hier en daar een knalrood stengeltje. Hoe is het op jouw tuin? Ben je er weer in elke zonnestraal? Laat het me weten! Maak je foto's? Laat ze me zien! Veel liefs, A.'

Er komen mails terug, er arriveren foto's, logees, waaronder M., en andere trouwe makkers. Ook zij genieten van dit leven op het land. Samen zien we reeën en maartse hazen, de rammelaars (mannetjes) rechtop een robbertje boksend. En over onze hoofden landen in de vijver de 'vaste' wilde eenden, door het leven gaand als Suus en haar woerd Sjoerd.

Over wriemelende wurmen en La Compostella

Als vrienden mij hadden gevraagd 'wist je dat je een buitengewoon warme band zou opbouwen met wurmen?' dan had ik ongetwijfeld nee gezegd. Maar als fervent moestuinder zijn de beestjes me dierbaar geworden. Om hun nut. Dus wanneer ik 's ochtends mijn Wyandotte-kippen uit het nachthok haal en begroet, zeg ik in één moeite door ook de wurmen gedag ('hallo jongens!'). Want vlak naast het huis van de kippen staat de flat van de wurmen, een compostbak waarin honderden nieuwe boerderijdieren wriemelend hun werk doen: keukenresten en ander groen spul lekker fijnmalen. In deze woning, waarin ze nooit thuis geven omdat ze zich ergens in de duisternis tonnetje rond eten (elke dag hun eigen gewicht), zorgen ze voor een

maart

schat die ik in juni voor het eerst kan oogsten: rulle, fantastische, donkere, voedzame compost. Ook lekvocht is mest, oftewel gier; ik vang het op, verdun het en giet het bij prei en peterselie. Het enige dat we hier nog weggooien is de verpakking, en zelfs een deel daarvan (fijn gescheurd bruin karton) is voor een wurm zoiets als een taartje, vol verrukkelijke cellulose.

Naast die biobak, en een compostemmer voor in de keuken (zelfde systeem maar dan met etende schimmels erin, geënt op tarwekiemen), beheren we ook traditionele composthopen. Een beschaduwd tuindeel, La Compostella gedoopt, is aan deze tuinvoedselverwerking gewijd. Wat we maar kwijt willen, voldoende vochtig gehouden en lekker afwisselend opgebouwd, wordt het jaar door verzameld. Geregeld grasmaaisel ertussen strooien jaagt de temperatuur binnenin op en dat is perfect: de vertering gaat snel en onkruidkiemen worden om zeep geholpen. Kippenmest en ganzenmest doen hetzelfde. En urine der mensen ook, ik meld het maar even.

Het principe is zo simpel: voed de aarde en de aarde voedt jou. En van compost lusten alle planten wel pap, daarvan heb je nooit te veel. Bovendien laat compost als in een timerelease programma langzaam voedende humus in de bodem achter. Humus is tevens een los breiwerk dat de waterafvoer of -verdeling reguleert. Bij 'humus' moet ik altijd denken aan fietstochten met mijn vader, die graag in beukenbossen wat zwarte humus in de fietstassen schepte, voor de eigen tuin, onder het motto: humus is van ons allemaal. En ook aan een strofe in *Het jaar van de tuinier* van Karel Čapek: 'De tuinier leeft ingegraven in de aarde. Aangekomen in de hof van Eden zou hij verrukt de lucht opsnuiven en zeggen: "Lieve God, dat is nog eens humus!"'

De lente van de zevenentwintig kuikens

De siertuin heeft stralende plekjes: de kleine botanische tulpen en narcissen. Het groot hoefblad – magenta gestippeld – priemt door het gras, kikkerdril bolt op in de sloot en de stekelige sleedoorn bloeit schuimend wit. In het hoge riet dat we vorige herfst speciaal niet afmaaiden, slaapt een egel. Vlak daarbij legt eend Suus in een uitgemeten stappenplan een nest lichtblauwgroene eieren. Haar woerd Sjoerd scharrelt dan in de buurt, beschermend, op de uitkijk. Dat had ik nou nooit gedacht van een woerd, ze hebben toch een woest ongure reputatie! Maar een egel en eendeneieren gaan niet samen... en een rat of wezel, hier ook gespot, evenmin. Op een dag zijn Sjoerd en Suus weg – echt weg, niet even een vliegrondje. Het nest vind ik, heel voorzichtig kijkend, leeg.

In de moestuin is een verandering op til: elk jaar pikken we wat wilde kruidenwei in, om nog meer groente of fruit te verbouwen. De ganzenwei ging

van het land

er al eens vanaf, daarna een bonenbed en evengoed is er voldoende over voor uitbreiding, dit keer bedoeld voor pieper en kool. Maar de klei is hier dicht en staat vol kweekgras. Voor zulke zware ontginning blijkt hulp noodzakelijk. Die komt in de vorm van K., wegens zijn nevenberoep als grafdelver dé man voor de klus. K. is het type 'niet kletsen maar poetsen' en 'voor dag en dauw', dus gestaag graaft hij door – twee spa diep. Terwijl hij spit en zich het voorhoofd wist zeef ik compost en hoog de kasgrond op, om daar alvast te zaaien: tomaten, artisjokken en kardoenen.

Precies als het zo zonnig wordt dat de aarde werkelijk opwarmt, is K. klaar. Direct zaai ik tuinbonen en erwtjes. 'Zaai van de vroege morgen tot de late avond,' zegt Prediker. Op zo'n mogelijkheid wacht ik de hele winter – knielen op de grond, zaadzakje naast me. Volkomen in mijn element én het complete seizoen nog tegoed.

Ook enkele kippen zijn in hun element: soms lijkt het of Wyandotjes niets liever doen dan broeden, als mosselen vastgeklonken aan het nest. Halverwege de maand zijn de eerste kuikens van het jaar al geboren en nog geen veertien dagen later tel ik er zevenentwintig. Hoe zorgvuldig je ook meekloekt, niet elk kuiken redt het, zoals Darwin ons leerde. Pissebedjes en andere kruipers die het broodnoodzakelijke eiwit verschaffen, zodat de kuikens snel botten en veren kunnen aanmaken, zijn er nog niet. Dus geef ik de kuikens naast havermout, sesamzaad, groenvoer en gemalen graan af en toe gehakt. Het ambiante kuikengepiep, dat de hele dag als sondering weerklinkt, zwelt bij het zien en ruiken van gehakt oorverdovend aan. Ook de moeders knappen er erg van op. Het broeden, wanneer ze nauwelijks eten of drinken, heeft ze zeer vermoeid. Vervolgens moeten ze om de klipklap de kinderen onder de vleugels nemen dus is een dagje 'niet koken' (jagen op pier of mier) welkom.

De kuikens van vorig jaar zijn inventieve hennen geworden: ze klauteren op het dak van de ren en

Knielen op de grond, zaadzakje naast me. Volkomen in mijn element.

maart

springen omhoog voor een groene snack: de meidoorn, die uitbreekt in jong blad. Lékker jong blad, dat veel buitenlui vroeger ook aten en dat de bijnaam 'brood en kaas' kreeg. Ik noem het droge sla.

Het 'hongerige gat' tussen winter en voorjaar

Maart geeft altijd die speciale roep van de wad- en weidevogels, ook in de nacht. Scholeksters, oftewel bonte pieten (ze zeggen bijna hun naam: te pieiet, te pieiet!), leven volgens een rangorde. De voornaamste club zit pal aan het wad en de mindere vips wonen verder weg, op weideland. (Aan het eind van het seizoen is hun rode snavel aanmerkelijk korter, van het pieren.)
Buiten komt de spinazie al op: een grasspriet ontvouwt zich tot sappig blad. De exoot uit het oude Perzië doet het goed bij ons. Ik vermoed dat hij thuis tussen Shalimar en Isfahan ook frisse lentes moest verduren. Maart en april vormen vanouds *the hungry gap* voor de zelfvoorziener: de wintergroente is bijna op en het voorjaarsgroen komt mondjesmaat. Dit is de tijd van het oude opmaken en maaltijden versieren met wat er al aan jong groen te vinden is. Daarbij kan de koude kas geweldige diensten verlenen, met rucola, spinazie en raapsteel.
Dit is vaak ook de tijd dat witlofscheuten op hun best zijn. Deze telg uit de cichoreifamilie zaai je in mei. Er komt een struis bed vol lepelvormig gewas op en de plant maakt een penwortel. Die is in de herfst op volle kracht en gaat volgens een strak schema de winter in: opgraven, inkuilen, afdekken. Dan, zo rond deze tijd, schieten ze uit in struikjes.

Afgelopen oktober was ik een goed eind op weg met mijn lof. Forse groene struiken waren het, het loof streek en de pendikte beloofde veel. Echter, in het lofbed woonden beestjes die de wortels net zo beminden als ik. Einde teelt. Niet boos worden, niet wenen, maar snel vergeten en iets anders gaan doen. Koffiedrinken, denk ik. Met een dikke plak koek erbij.

In deze tuin die naast sier en aangeplante groenten veel eetbaar wilds kent, oogst ik ook in beemd en bos. In maart betekent dat: brandnetels. Tussen maart en mei bevatten de jonge scheuten meer waardevolle stoffen dan welke *gekweekte* groente ook! Kortom: die laat je niet staan, die pluk je. Een stichtend Engelse werkje heeft het over honderd manieren om brandnetels nuttig in te zetten. Niet alleen culinair of cosmetisch, ook in de tuin. Een lukraak voorbeeld: de planten zetten overmatig stikstof en fosfaat om in vruchtbare aarde en als die taak is verricht verdwijnen ze vanzelf. Als ongeduldige tuinders vinden we dikwijls dat deze prikkelbare types infiltreren op ongewenste posities, maar gewoon laten staan betekent op den duur een beter tuinevenwicht.
In het dierenrijk is de brandnetel ook al onmisbaar, want de plant vormt de thuishaven voor veertig diersoorten waaronder vlinders als de kleine vos en dagpauwoog. En nachtegalen schuilen er graag in, lees ik. Nachtegalen! Lyrisch gezang in eigen tuin! Opgetogen vertel ik het aan mijn partner, die vervolgens keurig om de prikkende bossen heen werkt met bos- en zitmaaier, een hele lente en zomer lang, maar zich ergens in augustus afvraagt 'wanneer de jongens nu eens gaan zingen?!?'

maart

'Blauwe' brandnetel- of raapsteeltjes-soep (V)

2 el. olijfolie
1 el. boter
2 sjalotten, fijngehakt
1 grote winterpeen, geschrapt, fijngehakt
2 knoflooktenen, fijngehakt
4-5 bloemige aardappels, in kleine blokjes
1 dunne prei, fijngehakt
2 vergieten vol jonge brandnetel-toppen of raapsteeltjes
ca. 150 g Friese Bleu de Wolvega of blauwschimmelkaas van geit
versgemalen zout en zwarte peper

Verhit olie en boter in een koekenpan en fruit sjalotten, peen, knoflook, aardappel en prei 10-15 min. omscheppend op net niet middelhoog vuur. Breng 2 l water in een grote soeppan aan de kook, stort het groentemengsel erin met zorgvuldig gewassen en grof gehakte brandnetels (of raapsteeltjes). Breng aan de kook en laat 10 min. afgesloten pruttelen. Roer de kaas erdoor en staafmix de soep.

Serveren: erg lekker met een schep gekookte, romig gemaakte gierst erin of beboterd zuurdesembrood ernaast.

Pastinaakchips met sla van o.a. spinazie en rucola (V/Vegan)

zeer royaal: de allerlaatste veldsla, de eerste rucola, spinazie, jonge pluksla, paardenbloemblaadjes
6 el. zonnebloempitjes
1 knoflookteentje, zeer fijn gehakt
brandnetel- of dragonmosterd, naar smaak
frisse (zelfgemaakte) mayonaise of tofunaise
milde azijn, milde olijfolie extra vergine
4-6 grote pastinaken
olie om te frituren
fijn zeezout

Was de sla zonodig en draai droog in een slacentrifuge. Rooster de zonnebloempitjes in een droge koekenpan op vrij hoog vuur, tot de pitjes gaan kleuren. Stort ze in een schaal en strooi er wat zout over. Roer knoflook en wat mosterd door de mayonaise. Maak een dressing van azijn, zout en olijfolie, desgewenst met mosterd erdoor. Klop die lobbig. Maak de pastinaken schoon, was ze, droog ze goed en snijd ze in medaillons van 3 mm dikte. Verhit een flinke laag olie (naar keuze) in enkele diepe koekenpannen of twee frituurpannen en frituur de schijfjes (af en toe kerend) tot ze nootbruin zien. Laat ze uitlekken in vergieten.

Serveren: verdeel de pastinaakchips over vier borden, bestrooi de sla met zonnepitjes, zet dressing en mayo op tafel en val aan.
Vegan: neem tofunaise.

van het land

Zelfgemaakte mayonaise (V)

2 dooiers van grote eieren
(of 3 kleine), op kamertemperatuur
1 afgestreken tl. fijn zeezout
1½ el. citroensap of witte wijnazijn
ca. ½ l zachte olie: zonnebloem,
olijf, saffloer (of een melange)
vleug versgemalen witte peper
½-1 tl. fijne dijonmosterd

Doe de dooiers in een royale kom en klop ze luchtig met een grote garde. Los het zout op in citroensap of azijn en klop dit door de dooiers. Druppel ongeveer een kwart van de olie erbij en klop krachtig. Voeg de olie zeer geleidelijk toe en klop door tot mayonaisedikte; klop dan peper en mosterd erdoor. Verdun de mayonaise zonodig met een scheutje lauw water, of verdik zonodig door kort te blenden.

'Haggis' ('brandnete(worst') met jus van malt whisky

Geen echte haggis, maar 'Scottish nettle pudding', een soort hartige 'worst' met brandnetel. Befaamd dagboekschrijver Samuel Pepys te Londen noteert op 25 februari 1661: 'We did eat some nettle pudding, which was very good.'

Voor de 'haggis':
1 (boorde)vol vergiet brandneteltopjes (bovenste 4 blaadjes)
250 g fijne havervlokken
snuf fijn zeezout
4 middelgrote preien
snuf kruidnagelpoeder
8 jeneverbessen, geplet, zo mogelijk fijn gehakt
10 zwarte peperkorrels, grof gemalen
6-8 grote salieblaadjes of 4 tl. gedroogde salie
blaadjes van 4 takjes tijm of 2 tl. gedroogde tijm
250 g (gekookte) lamsham, in snippers
2 el. gesmolten boter
scheutje goede Schotse whisky

voor de jus van malt whisky:
60 g boter
50 g gemengde groenten (wortel, prei, ui, bleekselderij), fijngehakt
6 el. goede Schotse malt whisky
1 l (zelfgetrokken runder- of krachtige groente)bouillon
zout en peper naar smaak

Breng de brandneteltopjes in een bodem water aan de kook, laat 5 min. afgedekt op laag vuur sudderen. Laat uitlekken (vang kookvocht op) en hak de netels fijn. Breng de havervlokken in het netelvocht met zout aan de kook en laat dit garen terwijl u de prei schoonmaakt: behoud zoveel mogelijk groen en snipper de groente. Meng netels met uitgelekte havervlokken, prei en kruidnagelpoeder t/m whisky. Meng zeer goed en lepel de brij op een uitgespreide, schone, uitgespoelde, uitgewrongen theedoek en maak er een stevige, dikke 'worst' van, strak in het vel! Bind de uiteinden van de theedoek dicht met schoon touw. Leg de haggis in een grote pan, vul deze met zoveel water tot de haggis onderstaat, breng aan de kook, sluit de pan en gaar de haggis gedurende 1½ uur op heel laag, bubbelend vuur (vul zonodig bij met kokend water). Haal de haggis uit de pan.
Voor de jus: smelt 30 g boter in een stevige koekenpan, voeg de groenten toe en 'zweet' ze 2-3 min. op laag vuur. Voeg de whisky toe en laat de vlam in de pan slaan (zet afzuigkap uit). Voeg bouillon toe en laat jus onafgedekt op hoog vuur tot éénderde inkoken. Blend de jus. Haal de pan van het vuur, proef of er zout en peper bij moet en klop de resterende boter er geleidelijk en luchtig door. Laat afkoelen en dek af.
Serveren: laat de haggis afkoelen, bewaar hem in de theedoek 1 nacht in de koelkast, haal hem 30 min. voor serveren tevoorschijn en verdeel in tranches. Maak de jus warm zonder te koken en schenk over de haggis. Erg lekker met 'neeps and tatties' (romige) puree van koolraap en aardappel. En *a wee dram*, natuurlijk, een goeie (malt) whisky erbij.

Raapsteelrösti met geitenkaas (V)

500 g even grote aardappels
ca. 250 g raapsteeltjes
75-100 g oude (harde) Hollandse geitenkaas, geraspt
2 el. fijngeknipt bieslook
versgemalen zwarte peper
2-3 el. bloem
50 g gesmolten boerenboter

Verwarm de oven voor op 220 °C. Kook de schoongeboende aardappels gaar in royaal water. Giet de piepers af, stort ze in een vergiet, spoel ze kort met koud water af en laat ze op een koele plek uitdampen. Was de raapsteeltjes (vooral de onderzijde), laat ze goed uitlekken; hak wortelrestjes eraf. Hak de stelen en blaadjes in stukjes (ca. 1 cm). Pel de aardappels, rasp ze grof, voeg raapsteeltjes, kaas, bieslook en peper toe en vorm er 'koekjes' van (ca. 8 cm doorsnee, 1 cm dik). Bestrooi ze met bloem (of zeef de bloem erover), haal ze dan door de boter en leg ze op een ingevette bakplaat. Bak de rösti 15 min. bovenin de oven, draai ze om en bak ze nog 10 min.

Serveren: direct! Lekker bij witlofsalade met fijngehakte noten, appels en rode grapefruit.

van het land

'Dinkelspätzle' (V)

Deze spätzle van *Dinkel*, spelt op z'n Zwitsers, zijn noedeltjes van slap deeg oftewel heel dik beslag. Ik at ze ooit in een gemoedelijke Alpenstube, met gems en rodekool, klassiek en verrukkelijk. Zonder originele 'spätzlezeef' om het deeg door te drukken worden ze groter, maar dat geeft niets.

500 g speltbloem
4 middelgrote eieren
1 tl. (kruiden)zout
250 ml (bruisend bron)water

Meng de ingrediënten en laat 30 min. afgedekt rusten. Breng 4 l gezouten water aan de kook (of water met 2 groentebouillonblokjes.) Roer het deeg door en kies: a) steek telkens kwart tot halve theelepeltjes deeg af en laat die in het water glijden of b) druk het deeg door een spätzlezeef (met grote gaten) in het water. Zodra de spätzle bovendrijven: tel 30 tellen en schep ze uit de pan, dan zijn ze gaar.
Serveren: direct! Voor steviger spätzle (meer noedels): neem speltmeel en bak ze na het koken in gebruinde boter met knoflook. Lekker bij andijvie, witlof of worteltjessla.

Middeleeuwse vijgenkoek (V/Vegan)

1 afgestreken el. venkelzaadjes of
10 takjes venkelgroen
900 g gedroogde vijgen
30 ongepelde amandelen, grof gehakt
1 el. flinterdunne citroenreepjes (zeste)
verse of gedroogde laurierbladeren of
vijgenbladeren of druivenbladeren
appel- of perenstroop of vloeibare honing

Bundel de venkeltakjes en droog ze, bungelend aan een wasrek. Hak het gedroogde venkelgroen fijn. Beleg een bakvormbodem van 20 cm met een cirkel passend bakpapier. Haal de steeltjes van de vijgen en snijd de vruchten horizontaal doormidden. Verdeel ze over de bakvormbodem en bestrooi ze met wat amandelen, venkelzaad of -groen en enkele citroenreepjes. Herhaal tot alles op is, eindig met vijgen en leg er een krans van laurierblad overheen. Knip nog een cirkel bakpapier uit en leg die erop. Plaats er een passende schaal op en zet daar een zwaar gewicht in. Laat afgedekt 3 dagen in een koele kelder of koelkast staan.
Serveren: bestrijk de koek voor een mooie glans met wat warm gemaakte honing (**Vegan:** of met appel- of perenstroop) en geef in dunne reepjes bij geurige groene thee of een glas port.

Actie in maart

Zaai buiten hurkend op een brede plank, die u telkens opschuift – dat verdeelt de druk op de aarde. **Maak heuveltjes op het zuiden, voor supervroege teelt!** Met een zonnige zuidhelling (denk druiventeelt) vangt u 40 procent meer warmte dan in een plat bed! Laat de helling met 30° oplopen. Meer kan, maar pas op voor uitspoelen van de aarde. Zo'n warm bed zorgt voor vroege spinazie, dito worteltjes, uitjes, ja voor wat niet?

Zomerbroccoli zaaien in potjes in de koude kas kan nu, in niet te rijke zaaigrond (voor sterkere wortels).

Vroege, gekiemde piepers kunnen al naar buiten. Zie actie in april!

Wel of niet zwart plastic afdekdoek? De voordelen: aarde eronder warmt eerder op en onkruid krijgt veel minder kans. In de uitgestoken plantgaten komt jong spul dat van de teruggekaatste warmte van het doek profijt heeft. Nadelen: de boel kan gaan schimmelen én zwart plastic is een broedplek voor slakken! Ook: ik wil de aarde kunnen voelen én zien (en het is zó lelijk.) Bovendien kan ik veel 'onkruid' gebruiken: lichtwortelend helpt het de aarde vast te houden en menig kruid is voedsel voor mijn dieren of composthoop.

Wel of niet wit vliesdoek (of oude vitrage)? (om wortel- en uienvlieg, preimot en koolwitjes te weren). Bent u voor? *Be my guest.* Tegen: zie boven. Plus de neiging om het doek overal aan te brengen en zo combinatieteelt niet in te zetten en te 'smokkelen' met wisselteelt. PS: in 10 vliesdoekvrije moestuinjaren heb ik die genoemde beestjes bijna nooit op bezoek gehad.

Composthoop – help het composteerproces verder door de hele boel fris op een nieuwe hoop te gooien, voor meer lucht. Het bovenste onder enzovoorts. Hopelijk ziet u veel *Eisenia fetida* wriemelen: de dunne, rode compostworm. Stop fruitafval diep in de composthoop, waar veel hitte heerst, anders trekt het massa's fruitvliegjes aan. **Urine werkt geweldig** als 'aanjager' van het composteerproces dus gebruik of herintroduceer de nachtspiegel! Ik ben serieus! (Scheelt ook 'doortrekwater'.) Maar attentie: uitgeplaste medicijnresten horen er *niet*, dus let daar op en bevraag jolige, plassende tuingasten naar medicijngebruik.

Verse, jonge brandnetels zijn goud waard. Telen is echt nuttig (en, in potten, ook handig). Brandnetels bevatten tot half mei een schat aan kalium, magnesium, zwavel, kalk, ijzer, sporenelementen en alle (!) vitamines. Plukken in het wild: knip op schoon terrein ver verwijderd van uitlaatgassen en hondenpoep; knip alleen de toppen. Kokend water erover en je hebt thee; kokend water, zout en kruiden erbij – plus een bloemige pieper –

van het land

en je hebt soep. Blancheren als spinazie en de netels kunnen in de groentetaart.

De tuinbonen gaan de grond in! Maak rijen of dubbele rijen (op 30 cm afstand) met telkens om de 25 cm een boon, op 5 cm diepte. Geef ze een zonnige plek en goed afwaterende aarde met compost. Zaai 'getrapt' als het kan: elke week 10 zaden. Bind jonge planten losjes met zacht materiaal aan stokken, ferm in de grond gepriemd.

Vroege spinazie (scherp zaad) wil een luchtig omgeweld, goed gevoed bed. Trek een geultje van 1 cm diep, zaai en schuif de aarde erover. Bewater licht (gieter met fijne broes), zelfs na moessons: het toplaagje aarde droogt snel uit, zeker bij frisse wind en felle, maartse zon. Gestoofde spinazie slinkt spectaculair, dus eet het ook als sla, dat scheelt ruimte in de bedden en zo verliest u de legendarische ijzervoorraad niet aan het kookwater! Pluk altijd vlak voor de maaltijd (regelmatig oogsten kan). Zaai elke week wat. Teelt in bakken of emmers gaat uitstekend. Zaad van **late spinazie** (rond) zal minder snel schieten.

Bleken van rabarber: zet er een forceerpot (of emmer) over zodra de eerste scheuten verschijnen.

Aardappels voorspruiten: leg potertjes in lage kistjes of eierdozen in een lichte, koele ruimte om te ontkiemen in dikke, stevige spruiten. Zodra die 4 cm zijn gaan de piepers in de aarde. Voorspruiten in een donkere ruimte en dan geleidelijk naar het licht brengen kan ook.

Mulchen op zaaigoed. Strooi een (dun) mulchlaagje, gemaaid gras bijvoorbeeld, over zaaigoed. Sproei eerst water, mulch en sproei opnieuw (tegen verwaaien). Vogelverschrikkers zelf maken is leuk maar tijdrovend. Alternatief: manshoge paaltjes in de grond slaan met zwart stevig draad ertussen en daaraan om de meter een bungelende cd, opnieuw aan zwart draad. De gekleurde reflecties van het schijfje houden veel vogels weg.

DIEREN UIT DE TUIN: poezenvoeten houden niet van losliggende takjes dus leg gesnoeide takjes van hazelaars etc. kris kras over uw zaaibedden. De planten groeien er tussendoor. Katten hebben ook een gloeiende hekel aan de geur van citroen. Dip stokjes in etherische citroenolie en zet ze als cordon om het zaaibed. **Muizen** houdt u weg door met zaaigoed (erwten, bonen) knoflook of een prikkelend blad (hulst) in te graven.

Kippen, ganzen, fazanten en konijnen weert u met een halfhoog hek van kippengaas rond de moestuin, maar dat moet voor konijnen flink diep zijn ingegraven. Konijnen haten de geur van digitalis en uien. **Vossen** haten mannenurine, dus nodig beminde heren uit te wateren rond de moestuin.

Groene asperges telen vanaf zaad. Week de zaden 1 nacht in warm water en zaai op 1 cm diepte in potten van 7$\frac{1}{2}$ cm met half zand, half compost. Zet ze in het licht, bij ca. 15 °C, niet kouder, want dan kiemen ze beroerd. Geef regelmatig water. Zie nu 'Actie in mei!'

De keukendeurkist is een minigroentetuin **pal naast de keukendeur (of voordeur)**. Neem een kist van een kubieke meter, kleiner kan ook. Boor gaten onderin voor de afwatering en zet hem op 'pootjes': vier stoeptegels. Stort een laag aan gort geslagen oude dakpannen of grind onderin, vul hem met compost of goede, bemeste tuinaarde en bouw de gewassen op. Bedenk dat er vanuit het midden iets de lucht in kan (maïs of een wigwam met klimbonen) en in het hart van die wigwam een plant die halfschaduw niet vreest (rabarber of aardbeien). Zaai links en rechts snijbiet, pluksla en kruiden en zet pal aan de randen rankende trostomaten, komkommers of zelfs courgettes en pompoenen. **Restjes thee of (zoutloos) kookwater?** Hup in de keukendeurkist. Ecologische vloeibare mest, elke dag een verdund scheutje, doet de rest. Blijf doorzaaien, mulchen, oogsten en genieten. Het hele seizoen lang!

maart

'Als het moeilijk was om paardenbloemen te kweken, zou elke tuinier
ernaar verlangen.'

Anoniem

Sla, limonade en wijn uit de voorjaarswei • 'liefst lokaal vergaren' is het uitgangspunt bij eten uit het wild • de uitbundige weelde van lentebloemen • trosnarcissen rond de fruitbomen • een familiegeschiedenis • eieren en kuikens, waar je maar kijkt!

[grasmaand / growing moon]

van het land

Het is mijn favoriete weer. Hoge luchten met witte wolken – warm in de zon, fris in de wind. Terwijl ik compost krui, knorren de ganzen van genot. Ze zijn bij mij, buiten hun wei, en staan tot de schoften in de moerasvijver waar ze allerlei lekkers opdiepen, plonzend en snebbelend. Soms trappelen ze het eetbare spul omhoog, dan weer wroeten ze als bezetenen, met kop en nek diep in de modder. Zo moeten wilde ganzen op de toendra van Lapland eruit zien. De ganzen van Nils Holgersson.

Pal naast de 'toendra' bevindt zich de moestuin, vol ganzensnacks als jonge sla en radijsgroen, dus houd ik ze in de gaten. Wel mogen ze de wilde wei in, die nu geel schettert van de paardenbloemen. Daar zijn ze gek op; bloem, blad en wortel worden driftig opgeknauwd. Dikwijls staat een gans in gedachten verloren, met nog frivool een paardenbloem uit de snavel hangend, als een onbezorgde landloper.

De paardenbloem is niet alleen een ganzenbanket: ook ik eet ervan. Als bezoekers dwars door mijn paardenbloemen banjeren, roep ik: 'Hoho! Je vertrapt mijn sla, koffie, limonade en wijn!' Want fris blad gaat door voorjaarssalades, de geroosterde en vermalen wortels produceren onverwacht lekkere 'koffie' en van de bloemkopjes maak ik wijn en limonade. Daarvoor pluk ik duizenden bloemen, en nóg zie je geen verschil in de wei.

Een hele groentekraam kiep ik de tuin in

Deze maand is ongelooflijk grillig: in mijn tuindagboek, dat meerdere jaren beslaat, lees ik bij april zowel over natte sneeuw en ijselijke winden als over een hittegolf (nou ja, twee dagen 25 °C met stralende zon) en 'al weken geen regen, dus lege watertanks en veel sproeien van poot- en zaaigoed'. Tijdens zo'n lentedroogte stuift het fijne zavelstof over de rillen die de aardappelboeren trekken. Op mijn bescheiden akkertjes, toch fors met compost begiftigd, begint de zaak ook droog te worden, dus begiet ik de bovenste laag, zodat erosie niet toeslaat. Geen tuinder die in april op vakantie wil, of kán, beter gezegd.

Mijn tuinbonen, doperwtjes, sjalotten en uien zitten al in de grond, de vroege aardappels gaan er nu in, met de kapucijners. Aan het eind van de maand volgen 'Alpha' en 'Raja' (ook aardappels). Bietjes, radijs, spinaziezuring zijn gezaaid, net als sla: jonge 'Twellose Gele' en prachtige bindsla ('Little Leprechaun') doemen als limoengroene streepjes op in de donkere, vochtige aarde. Raapsteeltjes uit de koude kas zijn oogstbaar en zaai ik nu ook buiten en er komt wit koekruid naast borage en duizendschoon.

De spiegels rond de piepjonge fruitboompjes staan boordevol *Narcissus geranium* en trosnarcis 'Poetaz' die ongelooflijk lekker ruiken (en de woelmuis bij de boomwortels weghouden). Ook elders is het een lust voor het oog: tere botanische tulpjes (*Tulipa turkestanica* en *T. clusiana*), gele trompetnarcissen, de *Narcissus poeticus* (nu op volle kracht), longkruid, anemoontjes, vergeet-mij-nieten en madelieven (bloem en plant tjokvol vitamine C!). Achter me zie ik het krentenboompje, pruimenbloesem, Japanse dwergkwee, speenkruid, scilla's. Aan de bosranden bloeien zwarte bessen, bosrank, daslook, kievietsbloemen. Alles, *alles* bloeit. Heerlijk, die kleurige, geurige opwinding in de tuin, dat blakende nieuwe leven!

'Leghorn groot. Kleurslag Patrijs. Dubbel G.'

Volgens een oud verhaal loopt een duivenhouder op schoenen, een kippenhouder op één schoen en een klomp, en een konijnenhouder op klompen. Zo bekeken hinkelden mijn verwanten op alles door elkaar. Want onder hen bestond een warme band met al die dieren.

Tenminste sinds 1793 stammen mijn voorouders uit Twente. Tukkers zijn gehecht aan hun land tussen Regge en Dinkel en hoewel de kinderen uit ons gezin in het Westen opgroeiden, togen we *en famille* menigmaal naar de moederschoot. Daar hadden mijn verwanten altijd een tuin, met vaak

Zaaien, zaaien en nog eens zaaien...

april

een landje erbij, waar zelden een dierenverblijf ontbrak.

Een Hengelose oom in grijze stofjas beheerde in zijn achtertuin een duivenflat en liet zijn vogels racen tot halverwege Frankrijk, reden om op zondagmorgen, thuis in Haarlem, gretig de postduivenberichten te beluisteren. Er was oudtante Martha, net over de Duitse grens wonend, die geiten hield, ritselend in hun stal; mijn broertje en ik mochten ze altijd bekijken. De opa uit Enschede annexeerde een tuindeel voor een volière en de grootmoeder uit Hengelo deelde haar landje, waarop ze groenten verbouwde als de beste, met konijnen en kippen. Kippen die door haar echtgenoot (lid van de Hengelose Kleindieren Sportfokkers Vereniging, anno 1898) werden gefokt. En met succes, want met een kip in de mand reisde hij door het ganse land, naar tentoonstellingen.

Ik maakte deze grootvader nauwelijks mee, maar een verenigingslid herinnert zich 'een fokker van de oude stempel, een eigenwijze kerel die op de vergadertafel timmerde als iets hem niet zinde en graag z'n borreltje dronk.' Voor me ligt een tentoonstellingscatalogus uit 1940 in Hengelo, toen G.A.L. Huisken met zijn *Leghorn groot, kleurslag patrijs* '2 g' haalde. Tweemaal goed.

Opa is dan wel een vage herinnering, maar oma, en dat grootouderlijk landje, bepaald niet: ik koester de herinnering aan een magische kippenvoertrommel vol gele kralen (maïs), aan een plank over een sloot, aan water, schaduw en zon. Aan mijn oma tussen de boontjes – schort voor, zorgende handen – op een stille zomerdag. Het warme asfaltpapier van het kippenhok, de stoffige geur van kippen en konijnen, vermengd met hooi en stro – melange van groente, dier en aarde.

Bij mij thuis was het allesbehalve een beestenbende, die enkele goudvis in de vijver uitgezonderd. Mijn ouders, zelf vroeger toch houders van herders en fox terriers, wilden nu 'vrij' zijn. Geen Bonzo, dus, ook geen Felix en zelfs geen Pietje. Iers auteur Peter Somerville-Large, opgroeiend temidden van excentrieke familieleden, en omgeven door de snel

van het land

verschietende grandeur van de Anglo-Ierse *well-to-do* in het interbellum, beschrijft het tegendeel. Op het grootouderlijk landgoed waren er stallen vol paarden en tuinen vol kippen en later, op een eigen eiland voor de ruige westkust van Kerry, een koe en een werkezel. Hij herinnert zich een hondenpartijtje waar de buurherders of -collies rond de tafel zaten, een lekker bot voor de snuit. Ook werden konijnen binnenshuis toegelaten, knabbelend aan – en keutelend op – de oosterse tapijten, maar 'de zitkamer leed pas werkelijk wanneer ook het paard binnenkwam op de thee.'

Gek genoeg verschenen eigen dieren pas relatief laat in mijn leven. Ingebracht door mijn partner kwamen er een schrandere kat, 's zomers altijd knorrend in de zon, op het bruggetje over de sloot, en daarna een beeld van een kater, geweldige muizenjager. Maar met eenmaal het platteland onder mijn klompen, heb ik mijn inhaalslag gemaakt. En hoe!

Het regent kuikens!

De komst van Jantje, Gijsje en Klaasje

Nog geen halfjaar woon ik op het platteland of dorpsgenoot G. polst bij een praatje over de heg of ik geen kippen moet. Daar heb je het al! Mijn dierbaren in de Randstad verwachten niet anders dan dat ik mij in het Noorden direct onderdompel in mijn droom: zoveel mogelijk leven van wat het land me wil schenken, zoals de gaven van levende have. Toch, hoe graag ik ook kippen wil, ik houd de boot af. Eerst even wortelen, roep ik. Dan, op een zachte dag in februari, geeft G. me een zak eieren, want zijn kippen leggen tegen de klippen op: 'Het régent eier'n!' Als hij na enkele weken informeert of ik zijn kippen soms wil, en aanbiedt om voor ze te zorgen als ik eens weg ben, voel ik dat het lot heeft beslist.

Staande voor zijn ren bekijk ik ze: drie kippen van bescheiden formaat, gestoken in donsbroekjes en met staarten als plumeaus. Ik ontsteek in een verteerde, hebberige koorts. Kippen... die hóren gewoon in mijn tuin, met zoveel ruimte. Eieren van eigen pluimvee! Ik denk aan mijn Twentse grootmoeder en mijn hart stroomt vol. Hier is sprake van een erfenis!

april

G. ziet mijn belangstelling. 'Hoe heten ze?' vraag ik hem gretig. 'Wyandotten. Kriel'n zijn 't, en béste leggers, dat zei ik ja toch?' 'Goed, maar hoe luiden hun namen?' dring ik aan. Hierop wordt zijn blik zo glazig dat ik diep bloos. 'Nou ja, uh....,' stuntel ik, 'je krijgt toch een band met ze?'

Ik neem ze. En G. is zo goed een nachthok te fabriceren. Op een dag kondigt hij aan: 'Zo, 't is af. Morgen breng ik ze.' Helaas had ik geen tijd om boeken als 'Kippen houden voor beginners' of 'Alles wat u altijd al wilde weten over Wyandotten' aan te schaffen maar iedereen verzekert me dat zulke gemoedelijke kipjes zichzelf prima redden. Daar is geen kennis voor nodig.

Het nachthok is gewit, stro erin gestort en ik zet de legmand strategisch centraal neer. Daar komt het kippentrio, flink mopperend in een kartonnen doos. Eenmaal in mijn tuin graven ze eens een paardenbloem om met die lekkere swingheupen van ze en gaan 's avonds bijtijds naar bed. Ja, naar *bed*! Niet op stok, zoals het een kip betaamt, nee, de dames verkiezen de heerlijk met stro gevulde legmand, waarin ze zich dicht tegen elkaar aanvlijen. De zitstok, keurig uit de tocht en op de juiste hoogte geplaatst, wordt volkomen genegeerd.

Deksels! Zijn deze duivelse dieren mijn bedaarde krielen?!?

Wat nu? Voor dag en dauw bel ik twee bevriende kippenhouders, die melden dat slapen in de legmand echt niet kan en dat ik ferm moet vasthouden aan de stok, om doorgezakte pootjes en een slechte houding van de kippenrug te voorkomen. Doorgezakte pootjes?!? Hernia's?!? Onthutst hoor ik dat ik de kippen telkens op de stok moet plaatsen, net zolang tot ze er vanzelf op blijven zitten. 'Doe het 's nachts, want dan zien ze slecht en zijn ze lekker suf.'

Die nacht, rond tweeën, hul ik me in ultradikke tuinhandschoenen en open het hok. Zes slaperige oogjes knipperen naar me. Ik doe een greep... Kakofonie! Commotie! Opengesperde snavels en rondvliegende veren! Deksels, zijn deze duivelse dieren mijn bedaarde krielen?!? Razendsnel knal ik het hok dicht. Maar een derde kippenhoudster neemt mijn zorgen de volgende morgen geheel weg. 'Je hebt nu eenmaal zitters en liggers,' zegt ze geruststellend. 'En die liggers, die wonen bij jou.' Alwaar ze de volgende morgen murmelend pikken naar hun voer en ik in de legmand een gaaf, bijna lichtroze eitje zie. Ik pak het op en houd het tegen mijn wang. Zo warm als een kruik. Wat kan het mij nog schelen of ze liggen? Als ze maar leggen! Ik koester de eieren en krui regelmatig, als een echte boer, de inhoud van het nachthok naar de composthoop.

Nog steeds is elk ei een geschenk. Eentje dat extra wordt gewaardeerd als het er niet is, zoals in de herfst, wanneer de dames ruien en ze er niet over peinzen om te leggen (terecht, ze hebben al hun reserves nodig voor een nieuw verenkleed). Of in de Donkerste Dagen, tussen half november en half januari. Dan geeft hun ingebouwde gevoel voor licht en duisternis feilloos aan om te rusten. Rust die ik hen gun, dus een lamp-met-tijdklok, die hun leginstinct moet opwekken, komt er hier niet in. Bovendien, met onze zachtere winters leggen kippen sowieso lang door en starten eerder, dus die twee maanden per jaar mogen ze lekker vrij.

Elk ei is een schat, maar ook elke kip. En elk kuiken. Tientallen kuikens zijn hier geboren, in het nachthok, in omgekeerde kistjes en in rietkragen, zoals het kroost van donker Mereltje, de allerkleinste van mijn Wyandotten. Merel was 'zoek'... en kwam op een middag met tien minutieuze minimereltjes aanwandelen. Het leken wel hommels, zo klein. Rasvast maar niet kleurecht mogen de kippen en hanen hier doen wat zij willen. Dus heb ik kuikens in de kleurslagen patrijs, fazant, koekoek, bergeend, bosuil en raaf. En alle melanges daarvan. Een bonte bende, veel samen optrekkend. Wanneer ik door hun bos loop zijn ze soms spoorloos, maar binnen drie seconden ritselt het achter me en omkijkend zie ik schuins getilde kopjes. Horen ze tegen de avond mijn klompen op het pad, dan schieten ze op me af als kanonskogels. 'Ha, kudde!' roep ik dan. Tot mijn knieën sta ik in de kippen, die opgetogen pikken naar maïs en zonnepitten. Of verwachten – zoals opperkip Jantje – dat we samen gaan jagen op pissebedden, tussen de stapels oude dakpannen. Ik flap er doorheen als door een bak tweedehands langspeelplaten en Jan hapt toe. Heerlijk.

Rulle, Romeinse eisoep

4 middelgrote kakelverse eieren
(of 6 krieleitjes)
ca. 4 el. fijn griesmeel
8 el. versgeraspte oude boerenkaas, van schaap, geit of koe
flinke snuf nootmuskaat
2 el. room of gesmolten boter
1½ l koude kippenbouillon
zout; versgemalen zwarte peper
8 sneetjes ciabatta (of schijfjes
stokbrood), geroosterd
2 el. zeer fijngeknipte selderie

Klop de eieren in een grote kom met griesmeel t/m room (of boter) tot een luchtige struif. Roer er 2½ dl bouillon door. Verhit de overige bouillon zachtjes tot het kookpunt in een soeppan. Draai het vuur zeer laag, klop het eimengsel erdoor en houd het 3-4 min. tegen de kook aan.
Serveren: verdeel het brood over de kommen, schenk de soep erover en bestrooi met wat selderie.

Gebakken aardappels met zuring en zuringmayonaise (V/Vegan)

Overwinterende zuring komt nu op met speervormige blaadjes. Er is ook vaak mooi groenrood gemarmerde bloedzuring te vinden. Vervang zuring door spinazie met een drup citroensap en bloedzuring door de allereerste sprieten snijbiet.

500 g vaste aardappels
zonnebloem- of olijfolie
3 handenvol verse
(spinazie)zuring of wilde zuring
versgemalen zout en peper
(zelfgemaakte) mayonaise (zie
maart) of tofunaise

Boen de aardappels schoon en snijd ze in schijfjes van 2 mm. Dep ze droog. Zet 2-3 grote koekenpannen op halfhoog vuur, verhit een royale laag olie, verdeel de schijfjes over de pannen en begin te bakken (voeg overblijvende schijfjes iets later toe, aardappels krimpen tijdens het bakken). Houd het vuur halfhoog, keer de schijfjes regelmatig en bak ze zo bruin als u wenst.
Was de zuring en droog het blad in een slacentrifuge. Verwijder de harde nerf en scheur het blad in stukjes. Roer door de aardappels als die klaar zijn.
Serveren: zodra het zuringblad nét verflenst. Geef er (zelfgemaakte) mayonaise bij met zeer fijngeknipte zuring erdoor.

van het land

Eetbare, gevulde eierdopjes (maanzaad- of lijnzaadbagels)

Een snel assemblagerecept. De maanzaadklaproos (mauve met paarse vlekken) is prachtig. Hij bloeit kort en maakt snel mooie zaaddoosjes aan. Laat die rijpen, droog ze op een schaal (want eenmaal rijp 'lekken' ze) en verzamel de maanzaadjes. Variant: vlas. Na de mooie blauwe bloemen geeft vlas parmantige zaaddoppen waarin lijnzaad rijpt; vers is het geweldig lekker, met de smaak van beukennootjes.

8 bagels naturel (om af te bakken)
6-8 el. maanzaad of lijnzaad (liefst zelfgewonnen)
8 eieren van krielkippen, of kleine eieren

Bak de bagels af volgens voorschrift op de verpakking, maar vergeet niet ze bijtijds vochtig te maken en met zaad te bestrooien zodat dat heet en geurig wordt in de oven.
Kook 8 eitjes zacht.
Serveren: leg de bagels op borden en plaats een eitje in het gat. Zet tabasco en zout- en pepermolens op tafel. Lekker met (zelfgemaakte) cottage cheese met verse tuinkruiden.

april

Brandnetelgnocchi met behoorlijk wilde pesto! (V)

600 g oude, bloemige (bewaar)aardappels
200 g speltmeel (of speltbloem)
versgemalen zout en zwarte peper naar smaak
2-3 middelgrote eieren
brokkeltjes oude brandnetelkaas met knoflook
extra speltbloem
ca. 150 g brandneteltopjes (of spinazie, goed uitgelekt)
daslook of half bieslook, half knoflook, naar smaak
4 grote, zachte, zongedroogde tomaten, fijngehakt
(milde, Ligurische) olijfolie extra vergine
versgeraspte oude brandnetelkaas met knoflook

Voor de gnocchi: kook de aardappels in de schil, pel ze en druk ze door een aardappelknijper (dat houdt de gnocchi luchtig). Roer er meel/bloem door met zout en peper naar smaak en zoveel eieren als nodig is om er kleine bolletjes van te kunnen vormen. Niet te groot, ze zetten flink uit in het water. Stop in het hart een brokje kaas. Leg ze op een schaal, bestrooi ze met bloem en laat ze 1 uur koud rusten. Dan de pesto. Kook de brandneteltopjes in een bodempje water tot ze echt gaar zijn. Blend de uitgelekte brandnetels met look, tomaten en zoveel olie als nodig is voor een zalvige saus. Proef of er zout of peper in moet. Bestrooi een schaal met een laagje kaas. Breng een grote pan gezouten water (of bouillon) aan de kook, laat de gnocchi er in porties inglijden. Roer voorzichtig. Zodra ze boven komen drijven zijn ze gaar.

Serveren: laat de gnocchi uitlekken en leg ze zo snel mogelijk op de schaal. Bedruip ze desgewenst met wat olie. Rasp er nog wat kaas over, geef de pesto erbij en een 'wilde salade' met rucola of spinazie, mals paardenbloemblad, madeliefjes (bloemen) en look zonder look.

Bokking op witbrood met radijsjes

Gerookte vis en een radijsachtige (mieriк, wasabi en radijs zelf) zijn voor elkaar geboren. Een bijna instant lunch!

4-8 sneetjes lichtbruin brood, beboterd
lekker veel sla- of spinazieblaadjes (uit de kas)
scheut zelfgemaakte vinaigrette
2-3 kleine, koud gerookte bokkingen, ontveld, gefileerd
wat versgemalen witte peper
drup citroensap of witte wijnazijn
12 radijsjes, in dunne plakjes
jonge spruitblaadjes van mierikswortel

Beleg het brood met de sla, drup er wat vinaigrette op, leg de vis erop, draai er peper over, drup citroen of azijn erover, beleg de vis met radijsplakjes en bestrooi met mierikblad (of bieslook).
Serveren: direct.

van het land

Paardenbloemlimonade met paardenbloemijsblokjes (V/Vegan)

800 paardenbloemen (ca. 2 vergieten vol)
2 l water
400 ml appeldiksap of 350 g vloeibare honing of 500 g rietsuiker
2 citroenen, in dunne plakjes
12 kleine, open paardenbloemen
(bruisend) bronwater

Pluk alleen grote, open paardenbloemen rond het middaguur op een zonnige dag (dan is de dauw opgedroogd). Verwijder alle groene deeltjes. Schud de bloemen uit of was ze. Doe ze in een grote roestvrijstalen pan. Verwarm het water (aparte pan) en laat het gekozen zoetmiddel erin oplossen. Giet dat over de paardenbloemen, voeg citroenen toe, roer goed en laat 24 uur afgedekt staan. Vries de 12 bloemen in met water tot ijsblokjes. Zeef de limonade (vries ook wat in).
Serveren: verdund met (bruisend) bronwater, met paardenbloemijsblokjes in hoge glazen.

Crème brûlée (V)

300 ml slagroom
1 vanillestokje, gesplitst
4 eidooiers (van grote eieren) of 6 van krielkippen
1 el. fijne riet- of kristalsuiker plus extra

Verwarm room met het vanillestokje in een stevige pan tot er belletjes ontstaan (niet koken!); houd dit zo 10 min. Verwijder het stokje, schraap merg eruit en voeg toe aan de room. Verwarm de oven op 170 °C. Mix eidooiers romig met 1 el. suiker en roer door de room. Giet het roommengsel in platte ovenschaaltjes, zet deze in braadslee gevuld met zoveel water tot driekwart van de bakjes en 'bak' de crème brûlée 20 min., zodat er bovenop een vel ontstaat. Laat de schaaltjes afkoelen en zet ze een nacht koud weg. Bestrooi de crèmes met 5 mm suiker. Benevel de oppervlakten vederlicht met de plantenspuit, wrijf de schaalrandjes droog. Verhit een salamander roodgloeiend boven een gaspit en houd hem vlak boven de suiker tot deze geheel is gesmolten. (Of zet de crèmes vlak onder een zeer hete grill.) Laat de crèmes snel afkoelen tot de suikerlaag hard is.
Serveren: direct, naast een glaasje Monbazillac of geurige verveinethee.

april

Actie in april

Water: ganzen, kippen en jong groen spul prefereren regenwater. Het is zachter dan leidingwater (en laat geen kalkvlekken na op siergewas). Geef water in de vroege ochtend of late avond. En mulch! Dat scheelt veel water en werk.
Zaaien algemeen – bewaar zaadzakjes goed (vanwege restanten en instructies. Gebruik die schoenendoos! Zie 'Actie in januari'). Veel kracht voor de kiemende plant zit in het zaad dus, zeker in potjes, is pure compost te zwaar. Meng er grof en fijn zand door. Op zaaibedden die snel groenten of kruiden moeten geven (radijs, raapsteeltjes en kruiden) gebruik ik wél pure compost.
Zaaien/poten met wind, zon en maan. Zaai als er warm en zonnig weer op komst is. Wind hoeft geen probleem te zijn als u zaaibedden of rijen beschermt met rietmatten of rechtop gezette dakpannen. Aardappels gaan bij mij op de dag dat er volle maan wordt verwacht in de grond. En de zéér globale vuistregel voor al het andere zaai- en pootgoed is: zaai/poot drie dagen na nieuwe maan, met de wassende (immers 'groeiende') maan mee. Lastig als dat toevallig regenachtige dagen zijn. Maar kies, probeer en noteer – wie weet merkt u het aan uw oogst! Voor meer info over 'eigen' zaaidagen voor specifieke gewasgroepen en nuttige standen der hemellichamen: gebruik de zaaikalender van Maria Thun.
'Michelin-aardappels' versus echte aardappels. De Ieren poten hun aardappels al op 17 maart, St. Patrick's Day, maar het kan nog tot eind april of begin mei (dan voor de latere oogsten, in september). Telen in autobanden: vul een band met voedzame aarde, stop er een gespruit potertje in en bedek die met aarde. Herhaal dit zodra de plant boven de band uitpiept, dus band erop, aarde erbij etc. Uiteindelijk ontwikkelt de aardappel zijn knollen op diverse etages in die rubberflat. Voordeel: de aarde – en plant – binnenin de banden is beschut en warmt snel op voor spoediger teelt; ideaal voor kleinbetuinden. Nadelen: mooi is anders, autobanden zijn nauwelijks een onbevlekt materiaaltje en ze gaan ook noooooit meer weg.

Om die reden weiger ik korrels voormalige autoband als mulchspul. Het idee dat mulchmateriaal niet recycleert gaat er bij mij niet in. (Gebruik tot folie uitgerolde ex-autobanden als bekleding van houten dakgoten. Daar doen ze prima werk.)

van het land

Aardappels stop ik het liefst in afgeplatte, aarden rillen – als lange, omgekeerde cakes naast elkaar – met smalle looppaden ertussen. Geef elke gekiemde pieper 50 cm in het vierkant, in goed losgemaakte aarde. Met een handje as in het plantgat doet u ze een groot plezier. In die cakes en vlak daaronder vormen ze hun knollen. Regelmatig aanaarden van de plant vergroot de kans op meer oogst. Zo vermijdt u ook groene bovenkantjes aan de piepers (oneetbaar) en vermindert u de kans op aardappelziekte. Mulch tot aan het eerste blad van onderen. Kleine teelt: vergeet niet dat 1 potertje in een grote emmer met gaatjes in de bodem een prima oogst kan opleveren! Leuk cadeautje ook!

Peultjes, mangetouts en erwtjes zaaien. De hele lol van deze familie telen (die ik gemakshalve 'erwtjes' noem) is de zoete smaak… die direct na de oogst afneemt, dus dop ze pal voor gebruik of eet ze rauw. Zaai erwtjes 5 cm diep in vochtige rijen, op 5-10 cm in de rij en minimaal 25 cm tussen de rijen. Een dompelbad in (brandnetel)gier vlak voor het zaaien houdt muizen (beter) op afstand, net als aanaarden. Erwtjes haten hitte maar willen wel zon en vocht, dus zaai vroeg. Maak de grond goed los, werk er compost door, geef voldoende water (liever minder dan meer) en mulch flink. Negeer mest. Gebruik als rijshout snoeihout van wilg of els met zijtakjes. Bind aan indien nodig; meestal klimt de erwt moeiteloos omhoog, als een gymnastje in het wandrek. (Toch bamboe? Span er touwtjes tussen.) Zet rijshout pas tussen de rijen als de erwtjes 10 cm boven de grond staan, anders geven ze teveel schaduw! Laagblijvende erwtjes nemen minder moestuinruimte in en bieden veel oogst. Zaai bij erwtjes ook familielid lathyrus, maar aan de kop of staart van het bed, want lathyrus eist zeer diep losgemaakte, vochtige grond die rijkelijk is bemest. (Nat krantenpapier onderin het lathyrusgat houdt losse of droge aarde lang vochtig.) Ronde erwtenzaden zijn 'geharder', voor vroege teelt. Maar ik gebruik ook voor vroege teelt altijd kreukzadige, zoete(re) erwten. Zaai/poot na erwtjes rucola, zomerbroccoli of boerenkool.

Voorzaaien van pompoenen, tomaten, komkommers, courgettes en maïs, achter glas! Neem een zaadje per potje (dat scheelt verspenen). Kasteelt van komkommers houdt het schilletje zachter.

Paardenbloemen als voorjaarskuur: de bitterstof 'taraxine' in paardenbloemen spoelt afval uit onze lever en nieren, dus gebruik ze als lentekuur.
Ze vullen ook nog onze kaliumtekorten aan. Eet bloemen en jong blad in salades en smoor grotere bladeren, in omeletten met spek bijvoorbeeld. Krachtvoer!

Rabarber – het oude, verfijnde ras 'Champagne' is een aanrader maar 'Hawkes' en 'Holsteiner Blut' ook. (Ik heb nu 'Oude Groninger Rabarber'.) Kweek ze liefdevol op uit zaad of vraag rabarberhouders een deel van hun plant af te splitsen in november, met een paar 'neuzen'; zet ze in zeer vruchtbare, vochtige maar goed afwaterende aarde. Giet regelmatig en mulch! Oogst mag pas vanaf het tweede jaar, liever vanaf het derde jaar. Draai 2-3 stengels per plant bij de voet af, meer in het jaar erop. In bloei schietende rabarber is prachtig en rabarberblad is mooi mulchmateriaal. Elke 5-10 jaar een nieuwe rabarberplek is ideaal, maar hoeft niet per se.

Plastic flessen – gebruik verzamelde plastic flessen als 'cloches', zie 'Actie in november'!

Mollen maken hopen van prachtige, fijne aarde; meng dat met gezeefde compost en gebruik het als potgrond.

Sjalotjes en uien poten, met worteltjes, peterselie… of viooltjes! Sjalotjes horen half in (zandgrond) of zelfs bijna bovenop goed losgemaakte grond (klei). As en compost onder elke sjalot is perfect. Geef ze goede grond, vocht en vierkanten van 25 cm, zet ze er middenin. Uien plant u net onder de goed losgemaakte grond. Bij 'kale' bedden: schoffel geregeld, voor een hogere opbrengst. Beter: **zaai worteltjes, pastinaken of viooltjes tussen de rijen** (als perfecte, mooie combinatieteelt).

Zaai **bietjes en snijbiet** bij mooi weer in de volle grond (goed verrijkt en losgemaakt) op een zonnige plek. Zet de zaadpropjes op 20 cm van elkaar en dun na opkomst waar nodig. Geef regelmatig water en zaai elke week door, voor telkens jonge, sappige en zoete vruchten c.q. mooi, veel blad.

april

'To make a prairie it takes a clover and one bee,
One clover and a bee,
And revery.
The revery alone will do
If bees are few.'

('Maak je een wei, neem dan klaver en een bij
Eén klavertje en één bij,
En mijmer erbij.
De mijmering alleen al voldoet
Als er weinig bijen zijn.')
Emily Dickinson (1830 – 1886), To make a prairie

En daar is de meimaand, met bloesems om in te verdrinken • de komst van duizenden nieuwe boerderijdieren! • wigwams bouwen voor de hoge pronkers • een oude liefde bloeit: de 'Dubbele Witte Zonder Draad' • champagne van vlier en brood van de elfjes...

Even pauze voor koffie of thee met drempels van boterhammen.

Overrompelend. Dat is elke meimaand opnieuw. Tachtig jaar geleden schreef Jac. P. Thijsse over de witte bolletjes van de meidoorn, pal voor het ontluiken: 'zo sierlijk gevat in de vijf kelktanden, echt juwelierswerk.' Mei is onstuimig, bruisend maar ook koortsachtig, waar het werk betreft. In natte, kille meimaanden bulkt de kas van de voorgetrokken planten die eruit willen maar nog niet kunnen. En nu, in deze hete, droge mei, is de bovenlaag van de nieuw ontgonnen tuinbedden zo hard dat de meest gestaalde hark er als een kangoeroestick overheen hobbelt, geen enkele indruk achterlatend. Daar moet dus gehakt worden, geschoffeld, compost opgebracht. En opnieuw, in het volgende bed. Zwaar, maar heerlijk werk. Bezoekende vrienden, ontspannen in shorts en met thee in de hand, zwaaien naar me vanaf het tuinhuisterras, terwijl ik meter voor meter win. 'Nee, ik kom straks! Eerst dit bed af!' Een helpende hand wordt uitgestoken en op de grens van avond en nacht sproei ik alle bedden zachtjes, want de bonen moeten erin. En die willen vochtige aarde – niet nat, niet droog, precies goed.

Bonen, wigwams en de handgerolde grasmaaier

In april, mei en juni zijn er weken waarop ik niet naar binnen te meppen ben, niet naar binnen kán, want ik mag geen minuut missen. Alles komt tegelijk: grond bewerken, paarden- en geitenmest en compost kruien, water gieten, graan en zaden malen voor de zevenentwintig kuikens, workshops geven, de kas beluchten en bewateren, kippenhok en ganzenstal schonen, schrijven, receptuur testen, zaaien en verspenen. Even pauze voor koffie of thee met drempels van boterhammen en vort met de geit: wieden, wigwams bouwen voor de hoge pronkbonen, gras maaien. En mulchen. Dat gaat snel dit jaar, want een onmisbaar gereedschap deed zijn intrede: een door de mens (mij) voortbewogen ouderwetse grasmaaier met opvangbak. Onze gemotoriseerde zitmaaier mulcht het gemaaide gras direct, dat scheelt oneindig harken, maar kippen en composthoop willen ook gras. Nu, met mijn eigen rollend materieel, heb ik sneller dan ooit mulchspul bijeen en voer ik de kippen, die weliswaar in een geweldig bos wonen maar gras ontberen. 's Avonds, al in het donker, keer ik als de gebochelde van de Notre Dame uit de tuin terug, met mijn neus op mijn klompen, kreunend door de keukendeur. Maar: 'nait soez'n', zoals het hier heet. Geen gepiep! Met de dag kan ik meer werk aan, en elke avond brengt me dat heerlijke gevoel dat er veel is gedaan, en bar veel genoten.

Deze mei zaai ik roodbloeiende peultjes, kreukzadige erwtjes (als altijd 'Kelvedon's Wonder'), grauwe soeperwten en de sierwt, lathyrus. De blauwschokker is weer van de partij, met zijn paarse peulen in het groene wandrek, net als het oude, sterke kapucijnerras rozijnerwt; die ontwikkelt lila bloemen en daarna vruchtjes die inderdaad op rozijnen lijken. Dan 'Painted Lady', een rood-wit bloeiende pronkboon, bleke, platte 'Boerentenen' met geweldige crèmekleurige bloemen en de geestige 'Yin Yang', bonen in afgetekend zwart-wit. Ze heten ook wel koeboontjes of orka's. Sperziebonen heb ik in twee soorten (mijn oude liefde 'De Dubbele Witte Zonder Draad' en 'Saxa') en vanzelfsprekend kievietsbonen, vaste tuinklant, waar ik ook woon. Deze bonen ('borlotti') zorgen straks voor kakelbonte hulzen: eerst groen en dan rood, in wonderlijke patronen.

Ik houd van peulvruchten. Het zijn bommetjes eiwit en koolhydraat. Ze staan overal. Net als maïs geven ze volume, hoogte, en op de heetste uren van de dag gefilterd licht, uitmuntend voor courgettes, rabarber en kruipende gele komkommers.

Die hoog getoepte bijenkorven van voorjaarspaddenstoelen

Mei is de groeimaand. Is mei de mooiste maand? Mogelijk. Het ochtendconcert van de vogels en het spektakel van kleuren verpletteren soms. De extra bonus van deze lichte, blije maand is dat ik van 's ochtends vroeg tot 's avonds laat word omhuld door de meest fantastische geuren. Alle vlieren bloeien met hun fris aroma, ook de mooi geveerde peterselievlier, hoewel 'kenners' het tegendeel beweerden (Pfah!) De geur is zo goed dat ik een paar schermen in jenever stop en er ook champagne van maak.

Een tuin is op zijn mooist, heet het, als hij onverwachte wendingen heeft. Geheime hoeken, bochtige paadjes. Ze maken je nieuwsgierig. In deze tuin zijn zoveel verborgen plekken dat we op een onverwachte schat stuitten: wilde morieljes! Hoog getoepte bijenkorven! Mijn partner vond ze, wel zestig, in de tinten duinzand, honing en turf. Iedereen die over dit vindersgeluk moest horen, begon voorzichtig over 'maar paddenstoelen groeien toch in de herfst?!' en 'durf je die écht te eten?!' Uitgezonderd kenners. Zij erkenden groen te zien van jaloezie, want morieljes horen bij de koningen van het woud en... zijn niet te telen. We droogden

Geheime hoeken, bochtige paadjes - ze maken je nieuwsgierig.

mei

ze én aten ze vers, met eigen eieren, look-zonder-look en sla uit de kas.

Toch zorgden die bijna verstopte hoeken voor Babylonische spraakverwarringen. In het eerste seizoen waren we soms lang bezig elkaar uit te leggen welk tuinstukje we bedoelden. 'Ik heb net cyclaampjes gepoot, aan de voet van die grote wilg.' Oh, leuk! Maar welke wilg bedoel je?' 'Die waarvan ik altijd zeg dat ik hem er zo mooi vind staan. Zo oer.' 'Naast de sleebes?' 'Nee, de wilg achter die mooie struik, hoe-heet-ie-ook-weer?' 'De Gelderse roos, soms?' 'Ja daar!' Et cetera. Dus kregen diverse delen een eigen naam: kruidenwei, colchicumterras, bramentuin. En Thijssetuin, omdat die zo deed denken aan het duingebied van Kennemerland, het werk -en woonterrein van de grote natuurvorser Jac. P., en ons eigen domicilie van vele jaren. Zelfs paden werden gedoopt: sneeuwklokjespad, waterpad en het wilgenpaadje. En dáár staan de boscyclamen. Of althans hun naambord, want de bietjesachtige bollen vertikten het te ontluiken. (Geduld, geduld...)
Nog veel mooier kan het in Ierland, zoals auteur Michael Viney ontdekte, zich vestigend in een ruige hoek van graafschap Mayo. Een boerenvriend vertelde hem welke Oudierse namen velden en akkers er sinds mensenheugenis dragen. 'Ruah-muing na Scamall', bijvoorbeeld, wat zoveel betekent als 'het veld dat lijkt op grove, rode manen waarin voorbij zeilende wolken worden gespiegeld.'

De Carnica's komen logeren!

Ook dieren dragen allerlei namen. Een bij heet tuinmaskerbij, wolbij, behangersbij, metselbij of honingbij. Bijen hóren in een biologische tuin, om hun schoonheid, gewasbevruchting, mysterieus leven en die prachtige gaven: geurige was en propolis: de hars uit plantenknoppen die de bijen in hun woning als 'kit' gebruiken voor het afdichten van kieren en gaten. Het werkt antiseptisch, voor hen, en voor ons. Maar natuurlijk gaat het vooral om honing.
Honing uit eigen tuin... zou dat niet geweldig zijn? De tijd was er rijp voor – onze sier- en moestuinen

knapten van de bloesem – maar om nog supersnel een imkercursus te volgen? Dus stofte ik een oud plan af om dieren een tijdje te lenen. Naburig imker J. zag er wel wat in, wilde mij gaandeweg van alles leren én had een volk over. Zo ontstond – met ruim vijfduizend leden in één keer – een nieuwe diercategorie in deze tuin: leasebijen.
Uit mijn tuindagboek: '21 mei – de leasebijen zijn gearriveerd, mét koningin! De kast staat achterin de kruidenwei, temidden van klaver. Heb me nooit gerealiseerd dat veel lentehoning uit nectar van bomen afkomstig is: bloesems van esdoorns, wilgen en acacia's! J. heeft een bijenstand (of -stal) met kasten waarin de bijen deels op eigen honing overwinteren en deels op speciale suiker waarin hij een aftreksel van Griekse bergthee ('wintergreen') doet tegen de variamijt. Mooi! Onze leasebij is de *Apis mellifera carnica*, een grijs insectje dat de Nederlandse bij sinds de jaren vijftig deels is gaan vervangen, een kennelijk gemoedelijke soort, afkomstig uit Oostenrijk en Slovenië.'

In het overrompelend mooie boek *The Secret Life of Bees* haalt auteur Sue Monk Kidd Amerikaans bijdeskundige James L. Gould aan: 'Honingbijen moeten tien miljoen foerageervluchten maken om genoeg nectar te verzamelen voor één pond honing.' Tien miljoen!
Imkers weten dat, wij gewone zielen niet. In *Het Bijenboekje* van de Zwitser Jakob Streit worden tegen een sprookjesachtig Oberlander bergdecor

mei

ook bijen gehouden, door de grootvader uit het boek, met baard en pijp (denk: Heidi & Peter). En de wijze grootvader berispt zijn kleinzoon mild als hij aan tafel een druppeltje honing vermorst. Braaf, maar volkomen terecht, realiseer ik me nu.

Een aspergebed knutsel je zelfs op klei bijeen

In een moestuin leef je met drie jaargangen in je kop. Wat stond vorig jaar waar? Wat komt er dit jaar bij en hoe schuif ik al die gewasgroepen volgend jaar op? En waar stop ik de leuke buren waar zoveel groenten van houden? Goochelwerk, want permanente bedden zijn er ook, voor rabarber, kardoen, artisjok, dahlia's en asperges.
Samen met bloemkool is de asperge het juffertje van de moestuin. Veel praatjes. Pas na drie jaar mag je eens een stengel stelen, om na vier jaar pappen en nathouden eindelijk te kunnen plukken, tot St.-Jan (23 juni). Zelfgekweekte groene asperges zijn nieuw voor mij, dus begin ik bij het begin: ik zaai ze, rechtstreeks in de aarde en bewonder hun haardunne veertjes.
Zelfs in stevige klei kun je asperges telen. Natuurlijk, ze willen zand en het is nauwelijks 'groen' te noemen als je het strand van Schiermonnikoog moet afgraven om je aspergeperceel aan de praat te krijgen, maar een bed van een vierkante meter is beslist bijeen te knutselen, met één kruiwagen compost, één kruiwagen scherp zand en één kruiwagen fijne schelpjes of kippengrit. Hetzelfde geldt voor worteltjes, trouwens, alleen behoeven die geen rijke voeding en zeker geen dierlijke mest. Daarvan krijgen ze twee beentjes, in een split.

Terwijl ik de zomerwortels zaai – met rode uien er omheen – hakt mijn partner dikke hazelaartakken en legt ze te drogen in de wei. Schitterend steunmateriaal. Ik kijk nu al uit naar de oude slootwilg die volgend jaar maart geknot moet worden, want hij héééft me toch een paar dikke takken! Brand-, rijs- en steunhout uit eigen tuin. 'Eens zal ik in het kreupelhoutbos mijn eerste oogst aan bonenstaken hakken, en essenhouten stelen voor gereedschap. Eens zal hier misschien een nachtegaal gaan neste-

len en ons toezingen op een heldere, maanverlichte avond in mei, terwijl de wilde hyacinthen spookachtig blauw zijn en de wulpen roepen over de weiden bij het water.' Dat schrijft, vrij vertaald, Monty Don in *My roots*. Nog zo'n tuindromer.

Drama

In een bepaalde mei verloor ik mijn ganzen, aan de vos. Als beginnend ganzenhouder had ik me terdege geïnformeerd over de wenselijkheid van een nachtverblijf. Dat bleek onnodig, want 'ganzen zijn sterk, zelfredzaam, waaks, blijven het liefst buiten en kunnen tot minus 25 °C aan. Op open water zijn ze 's nachts het veiligst, maar zelfs zonder vijver gaat het goed.' Gelukkig, want onze grote vijver staat de helft van het jaar droog.
Dat ganzen koude trotseren en waaks zijn klopt. Maar ze slapen als roosjes en mijn allereerste gans hoorde de vos niet komen. 'Tja, dat kan, op het

platteland,' klonk het laconiek. De achterblijvende gans, mijn koninklijke Martha, treurde hartverscheurend, vooral toen ik naar het restje veren liep dat eens haar partner was. Haar smartelijke kreet vergeet ik nooit.

Een gans alleen, dat kan niet. Dus selecteerden mijn partner en ik drie nieuwe dieren, mét een grote gent, die ik Tjerk doopte, hopend dat hij zijn harem zou beschermen. Vanaf het eerste moment waren Tjerk en Martha onafscheidelijk. Tot het einde. Want die ene vos bleek geen toeval. In een nationaal park dichtbij waren vossen uitgezet en die hadden zich explosief vermeerderd. Op hun forageertochten werd in enkele voorjaarsnachten de pluimveestand van de regio gedecimeerd. Dat hoorde ik te laat en op een ochtend in mei vond ik mijn ganzen in de wei. Stil, dood en aangevreten. Ik treurde als Martha. Om haar, om Tjerk en de andere twee: strabante Aike en het lieve Lotje, dat al uit mijn hand at.

Toen lieten we Fort Knox bouwen. Een stal met gaas voor de ramen, gaas onder de tegelvloer, zwaar verzegelde randen, een klink met slot, plus nog een stoeptegel schuins tegen de deur. Want vossen klimmen door het kleinste raam, graven onder de stevigste vloer en weten deurklinken open te wrikken. Geweldig behendig, hoor, maar nooit meer wil ik de aanblik van dieren die in plaats van enthousiast op te veren geluidloos blijven liggen. Al moet ik van heinde en verre komen, ik ben tijdig thuis om de ganzen op te stallen. In het 'tweiduuster', op de grens van schemer en duister, staan ze al goedmoedig in de deuropening en wenk ik ze soepel Fort Knox binnen. Voorgoed markeert dit mijn etmaal: opstallen van kip en gans is de laatste handeling van elke avond, en het loslaten van de dieren het eerste wat ik 's ochtends doe.

mei

Ierse likeur van meidoornbloesem (V/Vegan)

meidoornbloesem
milde, Ierse whiskey (bijv. Tullamore Dew)
3 el. vloeibare lentehoning (of perendiksap), meer naar smaak

Pluk de bloesem op een zonnige morgen, als de dauw is opgedroogd. Vul een brandschone weckpot (inhoud 1 l) flink vol met bloesem en begiet met whiskey, zo dat er nauwelijks lucht in de pot zit. Zet donker weg, schud af en toe, en zeef de vloeistof na 14 dagen. Smelt de honing zonodig au bain-marie en voeg toe of neem perendiksap (**Vegan**); roer krachtig. Laat 1 week staan.
Serveren: puur. Of – met wat bloesems en jonge blaadjes – over dunne eipannenkoeken.

Asperges met lamsham

20 groene asperges
3 dl aspergekookvocht
2 el. crème fraîche (van koe, schaap of geit)
versgemalen zwarte peper en zout naar smaak
4-6 el. fijne reepjes (gekookte) lamsham
1½ el. fijne reepjes (blad)peterselie

Kook de asperges in lichtgezouten water nét gaar (ze garen nog door bij het bewaren!), snijd ze in stukjes van 2-3 cm en houd ze warm (in een hooikist of afgedekt in een oven van 75 °C). Kook 3 dl aspergevocht snel onafgedekt tot de helft in. Staafmix crème fraîche, peper en zout erdoor, verdeel ham, peterselie en aspergestukjes over 4 kleine borden en giet de schuimende aspergecrème erover.
Serveren: direct, als voorafje. Met dunne, warme toast.

Gebakken morieljes (V/Vegan)

20 verse of gedroogde morieljes
1 zéér fijngehakt sjalotje (tot bijna pulp)
royaal boter of olie
versgemalen zout en peper

Voor gedroogde morieljes: zet ze 24 uur weg (of minimaal 2 uur) in handwarm water. Laat ze uitlekken, bewaar het vocht. Voor verse: schud ze uit, halveer ze in de lengte en controleer op beestjes en zand. Zonodig: was ze in gezouten water en schud ze goed uit. Was ze anders niet. Verhit boter of olie in een koekenpan en bak de morieljes op halfhoog vuur gaar en goudbruin, af en toe omdraaiend. Voeg halverwege de sjalot toe. Maal er zout en peper over.
Serveren (Vegan): op warme toast, naast beetgaar gestoomde of gekookte witte of groene asperges en jonge scheutjes paardenbloemblad, of **(V)** met ook een gepocheerd ei, uitlopend over de asperges.

Blini met morieljes, spinazie en cottage cheese (V)

125 g bloem en 50 g boekweitmeel
1 volle tl. zout
7 g droge gist (1 zakje)
200 g crème fraîche van koe, schaap of geit
¼ l volle melk
2 eieren, gesplitst
2 grote vergieten vol spinazie
klontje boter en snuf zout
40 g boter
gebakken morieljes, zie boven
(zelfgemaakte) cottage cheese (zie juni)

Zeef bloem, meel en zout boven een grote mengkom, bestrooi met gist. Verwarm de crème fraîche en melk tot lichaamstemperatuur in een steelpannetje; haal van het vuur. Roer eidooiers erdoor, giet over bloemmengsel en roer tot een dik, glad beslag. Dek de kom af met een theedoek, zet in een pan warm water en laat beslag 1 uur rijzen. Klop eiwitten tot stijve pieken en spatel luchtig door het beslag. Laat 1 uur rusten. Verhit de 40 g boter in steelpannetje. Bestrijk een grote koekenpan met boter, verhit op vrij hoog vuur en schep per blini 2 eetlepels beslag in de pan. (Bak er 4 tegelijk). Na ca $^{1}/_{2}$ min. ontstaan putjes in het beslag: draai ze om en bak ze kort af. Herhaal. Houd warm in de oven (75 °C). Was de spinazie zorgvuldig, hak de blaadjes grof en slinger ze door een slacentrifuge. Smelt een klontje boter bruisend in een grote koekenpan en wentel de spinazie met een snuf zout er snel door tot de groente net verwelkt.
Serveren: beleg de blini's met warme, gebakken morieljes en schep de spinazie en cottage cheese ernaast.

Sodabread met spelt (korrelig, Iers boerenbrood) (V)

1 kg speltmeel van de molen
1 el. fijn zeezout
1 el. zuiveringszout ('baking soda')
ca. 1 liter karnemelk
(of yoghurt van koe, geit of schaap, verdund tot 'karnemelk-dikte')
boter, margarine of olie, om in te vetten
ook nodig: 2 kleine cakeblikken of ovenschaaltjes (ca. 22 cm doorsnee)

Verwarm de oven voor op 230 °C. Vet de vormen in. Zet (dikke) ovenschalen alvast in de oven. Bebloem het werkvlak. Meng de droge ingrediënten zorgvuldig in een grote mengkom (zeef de baking soda als er korreltjes in zitten). Maak een kuiltje in het midden en giet driekwart van de karnemelk er in één keer in. Meng dit snel, met een 'lichte hand' en werkend vanuit het midden. Neem het uit de kom zodra het alle karnemelk heeft opgenomen en samenhang vertoont, dat is binnen enkele seconden! Let op: het deeg moet slapper dan bij een gewoon brood, dus gebruik zonodig meer karnemelk. Verdeel het in tweeën, leg in de vormen. Trek met een scherp mes een kruis over de bovenzijde (om 'de elfjes te laten ontsnappen'), bestuif ze nog met wat bloem en zet de vormen op een rek in het midden van de oven. Schakel na 15 min. naar 200 °C en bak de broden nog 25 min. of tot ze hol klinken als u ertegen tikt. Laat ze buiten de oven afkoelen.
Serveren: warm of koud naar wens. Extra lekker: met dik boter en een vleug Waddenzout. Of met vlierbessenjam.

Appelsap met lievevrouwebedstro (V/Vegan)

1 l appelsap
10 takjes lievevrouwebedstro

Dit kruid, tevens bodembedekker voor schaduwstukken, moet 12 uur verwelken voor de geur loskomt. De bloemetjes ruiken nauwelijks, het gaat om de takjes die sap – en wijn ('Maiwein') – een vol, honingzoet aroma verlenen met vanille, kaneel en dat ' je ne sais quoi'. Stro, dus!

Bind takjes strak samen en hang ze 12 uur op in een ruimte waar veel lucht circuleert. Hang het bosje in het sap en laat minimaal 2 uur staan.
Serveren: dit sap blijft kort houdbaar dus zeef en koel het en serveer direct.

van het land

Vlierbloesemdiksap (V/Vegan)

Dit is een snelle, lekkere 'vlierlimonade' zonder suiker. Aanlengen met water en klaar. Bewaar hem koud, en maak de limo eenmaal aangebroken binnen twee weken op.

400 ml appeldiksap
12 schermen vlierbloesem, rijp (lichtgeel)
rasp van 1 onbespoten citroen

Doe diksap, vlierbloesem en rasp in een brandschone grote fles, zet deze 1 week op kamertemperatuur weg, schud dagelijks. Zeef het sap door een zeef bekleed met een goed uitgespoelde en uitgewrongen theedoek. Bewaar koud of vries het in.
Serveren: verdund met water als limonade of onverdund in yoghurt of door rabarbermoes.

Dubbele, lichtgezoete vlierborrel (V/Vegan)

3 schermen vlierbloesem, rijp (lichtgeel)
1 l zachte, jonge jenever
150 ml vlierbloesemdiksap (zie boven)

Schud de vlierbloesem uit en duw ze met een schone satépen in de jenever. Schud een week lang elke dag, daarna af en toe. Zet twee maanden weg op een koele, donkere plek. Zeef de schermen eruit, giet jenever en diksap in een mengbeker van $1^{1}/_{2}$ l, meng goed en schenk in mooie, brandschone flesjes. Laat 3 dagen rijpen. Koud bewaren.
Serveren: puur, met gebroken ijs en citroenschil.

Actie in mei

Zie zaaischema in Annex II!
Pompoenen, courgettes en maïs: voorzaaien vergeten? Wanhoop niet. Zaai deze 'gezusters' na half mei bij zonnig weer rechtstreeks in vochtige, zééér rijke grond (ze zijn erg hongerig). Opgewarmde aarde scheelt bij de groei, hier zou zwart plastic (even) kunnen helpen. Zet drie zaden bij elkaar en houd de sterkste groeier aan. Reken voor maïs een 1/4 meter in het vierkant, voor courgettes 1 1/2 meter en voor pompoenen 1 1/2-2 meter. Blijf ze voldoende water geven, en af toe gier, maar overdrijf niet. Voor 2 personen geeft 1 courgetteplant vaak al voldoende opbrengst. Ruimtegebrek? Leid pompoentakken in de rondte of zet ze tegen een rekje en **bind ze vast!!**
Afharden: kasplantjes gaan op mooie dagen gedurende de warmste uren naar buiten, op een beschutte plek, of naar de koude bak, om af te harden. Een proces van 1-2 weken. **Tomatenplantjes** met meer dan 4 eigen blaadjes gaan over in grotere potten; laat stevige planten voor buiten afharden.
Radijsjes hebben maar één wens: water! Laat ze nooit uitdrogen – dan blijven ze sappig en worden niet houtig.
Komkommers zaait u het beste met borage en citroenmelisse die bijen aantrekken en voor bevruchting zorgen. Zo voorkomt u karige oogst of misvormde vruchten. Zet komkommers in de zon aan de rand van het bed zodat de bijen de planten kunnen vinden. Begieter ze regelmatig en mulch!
Bonen en kapucijners zaaien en mulchen. Na de IJsheiligen, half mei, mogen ook andere **peulvruchten** (stok en -stambonen) en **sla, zuring, witlof, bladlof** rechtstreeks buiten worden gezaaid. Bonen: een nacht voorweken in lauw water helpt ze sneller op gang. Zaai stambonen in putjes of geulen met compostrijke, vochtige, diep losgemaakte grond – niet recent of zwaar bemest! – in 'blokken' of op rijtjes: 10 cm tussen de bonen, 25 cm tussen de rijen en bedek ze met 2 cm vochtige aarde. Stokbonen: leg 3-4 zaden in een half maantje rond elke stok (in rijen of in wigwams opgesteld). Krantenpapier onderin put of geul scheelt water geven. Een dun laagje grasmaaisel erover houdt de aarde bovenin vochtig en beschermt tegen uitdrogende oostenwind en nachtelijke kou.
Brandnetels als mest en compost... gooi versnipperde, wortelloze brandnetels op de composthoop. Of brouw er supergier van: stop brandnetels in een emmer (niet propvol), vul de emmer geheel met regenwater en roer de eerste week van het proces elke dag een keertje. (Zo maakt u ook symphytum- of boragegier.) Roer er een flinke handvol lava- of basaltmeel bij als de gier gaat stinken. Luchtig afdekken kan, maar er moet veel zuurstof bij de gier. Na drie weken zeven (natte prut kan op de composthoop) en verdun 1:10, dus per liter gier 10 l regenwater. Gebruik alleen 's avonds, tegen verbrandingsgevaar (zon) en giet in het plantgat. Brandnetelgier is topvoeding voor zware groenten als kool, knolselderij en prei, voor zwakke plantjes... **en is bestrijdingsmiddel**; gespoten op aardappels helpt het tegen de aardappelziekte (phytophthora) en bij tuinbonen tegen zwarte luis.
Composteren van Vreemde Zaken:
1) **onkruidwortels** – zelfs worteltjes van kleefkruid, brandnetel en zevenblad kunt u composteren. Dansen op de vulkaan? Valt mee! Stop ze in een dikke plastic (vuilnis)zak met veel grasmaaisel en urine of verse kippenmest. Zo broeit de boel heerlijk. In het stadium 'slijmerige zooi' mag het op de composthoop. Wees zuinig met 2) **bananen- en citrusschillen**, die composteren zeer traag. Heel klein snijden helpt. Citrus maakt compost zuur. Gebruik meer kalk, ook bij veel zuur keukenafval. 3) **Krantenpapier:** hoewel minder behept met zware metalen dan vroeger bevat het vervuilende inkt. *Voordelen van kranten:* mits gescheurd composteert het en houdt het de hoop vochtig. *Nadelen:* ongescheurd vormt het snel een ondoordringbare mat. De voeding voor de composthoop is gering. Bruin karton (zonder tape of

van het land

plastic laagjes) werk beter, vooral als afdekmateriaal. Door de hoop verwerkt moet het worden fijn gescheurd.

Geef aardbeien een strobedje om de plant heen en vlei beginnende vruchten erop. Haal extreem groeiende scheuten weg.

Groene asperges, vervolg: hard voorgetrokken plantjes af zodra ze 10 cm hoog zijn en zet ze uit op een vorst- en windvrije, zonnige plek in een (verhoogd) bed van 1 m breedte. Spit door zware, dichte grond 10 cm kippengrit of fijn gruis als afwateringsmateriaal en dan 20 cm 'aspergeaarde': 1/3 compost, 1/3 zand en 1/3 fijn gruis. Graaf greppeltjes van 10 cm diep: houd 30 cm ruimte aan tussen zowel planten als greppeltjes. Vlij de planten in de greppeltjes bedek ze met 8 cm aarde, geef ze direct water. Laat ze lekker groeien, tot november. Houd ze onkruidvrij, geef regelmatig water bij droogte. Af en toe wat gier mag. Zie voor vervolgteelt 'Actie in november'!

Zet **zomerbroccoliplantjes** uit op 30 cm van elkaar in compostrijke, lichtbeschaduwde grond! Oogst de rozetten al jong, oogst vaak; geef het blad aan kippen en ganzen.

Artisjokken en kardoenen zaait u in potten van tenminste 10 cm (bij tenminste 15 °C) of rechtstreeks op zonnige, beschutte plekken in rijke, goed doorlatende grond (ja, het C-woord – compost – valt hier weer!) met 90 cm tussenruimte. Laat potplanten geleidelijk afharden. Geef ze regelmatig as, voeding en water. (Later kunnen ze beter tegen droogte). Verwijder de eerste knoppen (laat ze niet in bloei schieten). Neem vanaf het tweede jaar regelmatig stekken (van de buitenzijde) en zet die simpelweg in de grond, op een beschutte plek: artisjokken geven in hun 2e en 3e jaar de meeste vruchten. Verwijder kleine vruchten als u grote artisjokken wenst. **Voor kardoen:** bied voldoende voedsel en vocht en zie 'Actie in september'!

Bonenkruid, goudsbloem of laagblijvende Oost-Indische kers bij tuinbonen houdt (deels) zwarte luis weg. Zorg dat de bonen boven de kers uitsteken! Bruine vlekken op de peulen? Potasgebrek. Strooi as bij de planten of mulch met (compost van) fijngehakte symphytumbladeren (smeerwortel).

Het koolwitje brengt zelf geen schade aan kolen toe (ze drinkt nectar) maar legt haar gevreesde eitjes onder de koolbladeren, dicht bij de stam. Daar komen de rupsen uit die zich langzaam door de bladeren eten. Bestrijders? Diverse insecten, sterk geurende kruiden (waaronder salie en hysop), sterk geurende geraniums en **witte en rode klaver**. Zaai die tussen de kolen (ze geven ook stikstof, waarvan de kolen houden) en knip ze kort tot de kool groot genoeg is; laat de klaver dan in bloei schieten.

'Niets weegt minder dan een pen en niets verschaft meer plezier.'

Francesco Petrarca, (over een ganzenveer), (1304-1374)

Het kleurspektakel breekt los: klaprozen, mosterdzaad, snijbiet •
over 'it Giele Wâldbeantsje' en 'Groninger Strogele' • Hé, molleboon! •
een egeltje op het grasveld • het heengaan van de koningin • een ganzen-
kuiken kruipt uit het ei...

juni

[zomermaand / mead(ow) moon]

Hele kuikenklasjes stromen 's ochtends door het nachthokluik heen.

Al twee weken word ik elke morgen begroet door klaprozen en knalgeel mosterdzaad. Ze staan in de moestuin, tussen de groenten in, net als koekruid, borage, duizendschoon en wilde stokroos – een regenboog aan kleuren. Met opzet vergeten pastinaken van vorig jaar maken prachtige schermen, meer dan manshoog. Waar ik ook kijk, het is één en al bloei en aroma, van het laatste fluitenkruid en de allerallerlaatste jasmijn tot de wilde rozen, uitgegroeid tot een heerlijke muur, dankzij een mestgift in het voorjaar. Op warme dagen hangt de rozengeur bedwelmend om de struiken; net als bij de vlier vang ik hem voor later en stop handenvol blaadjes in jenever en azijn.

In de kippentuin barsten hele klasjes 's ochtends door het nachthokluik heen. Elk jaar weer geniet ik ervan om alle kuikens te zien opgroeien, zich sorterend in diverse bendes kwajongens en -meisjes. Vanaf het stadium wandelend ei zijn ze binnen twee dagen volop kuiken, en zetten via de tussenformaten mees, merel en kwartel een spurt in om dan, na ruim zes maanden, echte hennen te worden. Dan bakken ze hun eerste ei. Soms nog zonder dooier, soms niet groter dan een mussenei, maar een ei! Vanzelfsprekend zijn er ook haantjes bij. Met een dikke kop, grote voeten en onverschrokken lichaamstaal. Na pakweg drie, vier maanden is het verschil hen-haan nóg duidelijker, door dat eerste kukeltje.

De liefde voor bonen van Thoreau, en van mij

Opwinding! Alle bonen komen op! De Amerikaanse filosoof en schrijver Henry David Thoreau, die medio negentiende eeuw in Massachusetts de zelfredzame eenmanskolonie Walden stichtte, noteerde in zijn dagboek graag het laatste nieuws over

zijn bonen. Geliefde bonen, want in die zelfverkozen ballingschap leefde hij erop. Dus kreeg hij een sterke band met *Phaseolus vulgaris*, als reddingsboei, levensader en hoogsteigen groentewinkel. Ze gaven hem de kracht van Antaeus, de Griekse god der onoverwinnelijkheid.

Rij na rij zaaide Thoreau. Met alle bonenplanten achter elkaar, berekende hij, kwam hij gemakkelijk aan elf kilometer. In mijn Walden zijn dat hooguit elf meters, maar ik ben minstens zo blij met ze als H.D.T.

Een zeer oude boon, *Vicia faba*, ontstaan in Mesopotamië, heet bij de Friese buren slofferbeantsje, en in deze provincie molleboon. Een Grunneger specialiteit is gepofte tuinboonzaden met zout. *Hé, molleboon!* was eerst een scheldnaam, later verhoogd tot geuzennaam.

Hard, bruin en rimpelig zijn tuinboonzaden als je ze zaait. Ze geven je nauwelijks het idee dat uit zo'n treurig gevalletje een sterke plant kan groeien, maar kijk, in april breken grijsgroene toppen door de aarde, geurige vlinderbloemen verschijnen (bleekroze met een paarse spetter erin) en dan opeens zijn er glanzende peulen om volop van te oogsten.

'Tuinbenen en erretjes' en een zeldzame tuinbewoner

En nu gaat het met teilen tegelijk. Naast 'tuinbenen en erretjes' zoals een vriendin graag zegt is er keuze uit 'Blonde Batavia', 'Little Leprechaun' en 'Wonder der Vier Jaargetijden' (krul-, bind- en kropsla), de eerste aardappeltjes, snijbiet, spinaziezuring, kapucijners, kruiden, worteltjes (gewone oranje en 'regenboogpeentjes') en bietjes, in drie soorten: cilindrisch, halfrond en de Italiaanse 'Chioggia', elegant geringd.

Groenten van het tweede zomerdeel komen er al aan, dus vrienden suggereren: 'Je zet zeker een stalletje aan de straat?' Nee, want mijn partner en

'Je zet zeker een groentestalletje aan de straat?'

ik zijn groentemonsters, én aspirerend zelfvoorzienend, én ik teel zo gevarieerd mogelijk, dus met lange tanden ('néé hè, alwéér tuinbonen') eten we nooit. Surplus wordt bewaard en geschonken waar het kan, zoals toen ik met mijn ouderwets gele troskomkommers langs de deuren leurde. Eens een groenteboer, altijd een groenteboer!

De siertuin toont een ruime hand: pioenrozen, witte floxen en gouden wederik, rond de vijver. Er is het blauw van vlas, korenbloemen en akeleien, het dieprood van de tweede clematis en kamperfoelie.
In de 'bosbestuin', een stuk dat tegen de bossingel schurkt, staan bessenstruiken in het zonnige deel, met tijm en salie ertussen, en verder, bij de bomen, schaduwminnende planten, zoals het leuke, lichtblauwe bosliefje. Na regen pikken merels wurmen op het grasveld, een kwikstaart hipt in hun midden. Het riet aan de slootrand ritselt en piept voortdurend, vanwege de puttertjes (distelvinken) en rietzangers die er wonen. Mijn partner toont me een jong, blond egeltje en ik hóór Jan Wolkers' stem: 'Mooi, hè?!'
Biologisch moestuinieren én dieren inviteren – wilde en gedomesticeerde – betekent dat je voortdurend een-tweetjes speelt. Vijvers, rommelhoeken en houtrillen geven kikkers en padden een koele woning in het lommer, dus blijven ze graag in de tuin waar ze smullen van slakken. Door talrijke vruchtendragende struiken te planten lokken we vogels en die eten graag luizen en ander klein gespuis. Zo waart er zelden een plaag door mijn gewassen. Gewassen die ik deel met mijn kippen en ganzen. Groenten en fruit geven kracht, glanzende veren en zorgen ook voor intens smakende eieren. Hun mest helpt de tuin te voeden, zodat ik hén weer kan voeden, bijvoorbeeld met andijvie, waar ze dol op zijn. Extra bonus: de ganzenmest op het weiland brengt een zeldzame gast. De mest trekt vliegjes aan, zodat een vogeltje van de rode lijst hier kan eten en broeden. De grauwe vliegenvanger.

van het land

genten? Die stonden toe te kijken op de staldrempel, als cowboys tussen saloondeurtjes.
Jona's broedpoging werd door ons niet goed begrepen want, geheel anders dan een kip, verlaat een gans haar nest soms behoorlijk lang, tot een halve dag. Worden de eieren niet te koud?, tut je dan, ondanks dat laagje stro en zachte borstveren? Nee. In hetzelfde om-de-dag-ritme legt de gans eieren bij tot ze genoeg heeft en dan pas gaat ze broeden. Maar toen ik las dat 'genoeg' kan oplopen tot vierentwintig eieren, en Jona inmiddels het dozijn had bereikt, grepen we in. Prompt besloot ze met leggen te stoppen. Begrijpelijk.

Citroengeel en zinkgrijs: de eerste gans is geboren!

Begin juni, echter, was Jona opnieuw rusteloos, zocht me, liep naar de stal en leek te 'praten'. Ik wachtte geen seconde, spurtte naar de kelder, waar ik nog twee eieren had en schoof ze in het stro. Jona nam zonder dralen plaats, bakte er een ei bij en nu was het menens. Ze zat als een prinses op de erwt, af en toe sissend, en kreeg een cordon voor de deur, want de genten, haar drie musketiers, weken nauwelijks van haar zijde. Lobbes pal voor het leghok, Ties op de drempel van de stal en Tijn ervoor, buiten. In eten waren ze amper geïnteresseerd. Hun graan slobberden ze pas op als Jona dat ook deed. Ook tijdens de broedweken schoonde ik de stal, nu noodzakelijk samen met mijn partner die de blazende, verdedigende genten in bedwang hield terwijl ik als een gek de poep opschepte. ('Het is goed hoor, Lobbes; rustig maar, Tijn!')
Na een week of drie leek Jona in zichzelf te keren. Haar nest bouwde ze opnieuw op, als een zandtaartje, en verliet het niet meer. Ze sprak met haar ei. Vlak voor de geboorte piept het kuiken en dan wordt de band tussen moeder en jong al hecht gesmeed. Op de ochtend van de laatste junidag deed ik het nachthok open en daar kwamen ze: drie krijsende genten plus een trotse moeder, met aan haar voeten een meehuppelend, minuscuul gansje, in citroengeel en zinkgrijs. De oranje pootjes staken in grauwe 'overschoenen'. Juno, genoemd naar de Romeinse godin aan wier tempel ganzen waren gewijd, was geboren.

Kun je werkelijk praten met dieren?

Vanaf Valentijnsdag legde gans Jona om de dag haar ei. Op een ochtend in mei kwam ze naar me toe en verdraaid als het niet waar was (en zonder antropomorfisch te willen zijn), ze zei iets, bijna bovenop mijn klompen staand. Ik zakte langzaam op mijn hurken en toen, snavel aan neus, probeerde ik te 'luisteren'. Haar rookblauwe oogjes keken me strak aan. Daarna ging ze de stal in (volkomen ongewoon, overdag) en zelfs naar het leghok, met een zoekende blik.
OK! Roger! daagde het eindelijk bij me. Direct haalde ik de vijf verse eieren op die nog in de kelder lagen, plaatste ze in het leghok, en hupsakee, Jona dook erin. Even rommelen met stro, eieren rangschikken zoals zij dat wilde en daar rolde haar borst als een sneeuwbal over de eieren. Onmiddellijk had ze dat gezicht van 'ik ben er even niet!' En de

juni 81

De erfgename van Jonathan Livingstone Seagull

Veel mensen die dieren houden praten over hen alsof ze dezelfde eigenschappen als wij hebben. Ik ook. Maar wat zijn menselijke eigenschappen? Diergedragwetenschapper Konrad Lorenz stelt dat we 'menselijk' niet mogen claimen, want ook dieren kunnen jaloers, slim, aanhankelijk, argwanend of ronduit leuk zijn. Helemaal mee eens. Die aanhankelijkheid heeft natuurlijk alles met eten te maken, maar lijkt soms complexer. Als ik op het zonnig grasveld neerstrijk met een boek, komen de ganzen, gestaag grazend, naar me toe en... gaan vlak om me heen liggen, als witte jachten, afgemeerd in een groene zee. Snavel in het dons en weg sluimeren ze. Om ze lekker te laten dutten, sla ik mijn bladzijden voorzichtig om en reik in slowmotion naar de thee. (Doe ik dat te bruusk, dan is er alarm en toeteren ze keihard in mijn oren.) Maar waarom, met meters grasveld en allerlei plekjes om uit te kiezen, komen ze *juist* om mijn tuinstoel heen? Ben ik hun hoedster? Zoeken ze veiligheid? Of is het ware liefde? Ik houd het op alledrie.

Als je dieren dagelijks observeert zie je hoe verschillend ze zijn. Daarom krijgen ze bij ons 'passende' namen. Een zachte uitstraling komt terug in oude boerenmeisjesnamen (Gijsje, Lotje, Neeltje). Stoerheid wordt beloond met namen als Roodbaard, Max en Abel (wiens zoon Tasman werd gedoopt) en een nobele houding met Adelheid, voor een kip. Andere dieren dragen 'verwijsnamen', omdat ze lijken op een Fuut, Merel of Mees. En gans Jona noemde ik naar Jonathan Livingstone Seagull. Want ook zij, met haar meeuwenogen, is een vogel die graag vliegt: elke dag boven de wei en soms hoog in de lucht. Pal na haar komst draaide ze ererondjes boven het dorp, als aviateur Anthony Fokker met zijn Spin 3 rond de toren van de Haarlemse St.-Bavo. Ook landen deed Jona perfect, scherend over de stal en uitkomend voor de voeten van Tijn, haar bewonderaar, die bijna flauwviel van zoveel gratie.

Omdat ik mijn ganzen niet 'seks' (niet onderzoek naar geslacht, wat pal na de geboorte mogelijk is, maar een handeling vergt die de dieren pijn doet als je geen kenner bent) zou ik met namen geven eigenlijk moeten wachten. Want de sekse aflezen aan ganzenbouw en -gedrag (de paring!) duurt zomaar een halfjaar. Een neutrale naam geven lijkt de oplossing, bijvoorbeeld eentje uit de taal van de Algonquin-indianen: Nika Mìgwan. Ganzenveertje. Maar Juno heet direct Juno omdat dat goed voelt, gent of gans. En ik luister naar Juno's stem. Daaraan hoor je het, uiteindelijk, ook: een gent klinkt als een schorre trombone, en een gans als een bassende fagot.

De bijenkoningin sterft. Direct bouwt het volk nieuwe paleizen.

De koningin der Carnica's, die eerder in juni heel voorzichtig werd gemerkt met een genummerd herkenningsschildje tussen haar schouders, is niet meer. Nr. 20 hemelt. Hetgeen betekent dat het bijenvolk nieuwe koninginnen aan het 'maken' is, niet vijf of zes, maar wel een stuk of tien. Een paniekreactie, volgens J., de imker. Koninginnen in spe zijn 'gewone' bijenlarfjes die louter koninginnegelei krijgen, deels al in hun cel opgeslagen. Zo'n cel is een langwerpige 'snottebel', een bijenwasconstructie op het ratenraam, drie tot vier maal zo groot als de cellen voor het voetvolk. Zodra er eenmaal een bijeneitje inzit begint het voeren met gelei. Na acht dagen is het popstadium bereikt en metselen de bijen de zaak dicht. Eten en groeien is het motto. Zo'n eitje wordt een larfje en groeit uit tot een heuse bij. Of koningin.

Als de koningin 'rijp' is, na zestien dagen, kan de imker horen aan de kast of ze zich al uit haar cel heeft gebeten, want dan maakt ze een specifiek geluid. Dit is het onder imkers bekende 'tuten en kwaken'. Op een avond neemt J. mij mee naar de kast, geeft er een tik tegen en met mijn oor tegen het hout hoor ik het: 'tuuuuut-tuuuuut-tuuuut'. Als een elektrisch wekkertje. Ongelooflijk! Zo sonderen de koninginnen naar elkaar en... betwisten elkaar de heerschappij. Tot de dood erop volgt want er kan er maar één koningin zijn. En die kroning is na een nacht in de kast beslecht.

juni

'London particular' (zomersoep van verse erwtjes)

Genoemd naar de dikke mist ('peasouper') die vroeger over Londen hing. Denk Dickens, Sherlock Holmes en films met Charles Laughton.

1½-2 l water
1 stuk lamsschouder met bot (ca. 400 g)
1 grote ui, grof gehakt
4 verse middelgrote laurierblaadjes
6 peterselietakjes
500-750 g vers gedopte erwtjes
klontje boter
175 g doorregen spek, in dobbelsteentjes
2 stengels bleekselderij, in ringetjes
6 jonge uien met loof, wit en groen fijn gehakt
3 jonge worteltjes, in schijfjes
zout en versgemalen witte peper, naar smaak
2 el. fijngehakte peterselie
1 el. zeer fijngeknipte munt

Doe water t/m peterselietakjes in een grote soeppan, breng afgedekt langzaam tegen de kook aan en trek de bouillon 1½-2 uur op het allerkleinste vuurtje. Zeef de bouillon, snijd het vlees in kleine stukjes (houd apart) en gooi ui en kruiden weg. Breng de bouillon zachtjes aan de kook, gaar de verse erwtjes er in (5-10 min.). Pureer ¼-½ van de soep en giet terug in de pan. Intussen: smelt de boter in een koekenpan en bak spek t/m worteltjes op middelhoog vuur, ca. 5 min. omscheppend, en voeg toe aan de soep, met het achtergehouden vlees. Proef af op zout en peper.
Serveren: garneer met peterselie en munt en geef met warme witte toast en reepjes roggebrood.

Pakjes van Twentse 'sikk'nkoas met vlearblossem en spek'

4 plakken (8 x 8 cm, 1½ cm dik) lichtbelegen geitenkaas
4 uurverse vlierbloesemschermen*
16 plakjes doorregen spek
2 el. vloeibare honing
ca. 1 el. vlierbloesemdiksap (zie mei) (of cichoreistroop)
alternatief: rozenblaadjes of lavendelbloemen

Verhit de oven voor op 220 °C. Leg de vlierbloesems op de kaas, wikkel het geheel in spek, leg de kaaspakjes op een ingevette bakplaat, schuif die bovenin de oven en gaar de pakjes tot het spek knispert. Draai ze om en gaar ook de onderzijde. Roer de honing los met het sap, trek dunne stroopdraadjes over de pakjes.
Serveren: bij gestoomde jonge bietjes, bedropen met vinaigrette van 2 delen olie, 2 delen rijpe rode wijnazijn en 1 deel vlierbloesemdiksap.

Grote gemengde sla met kruiden en bloemen (V/Vegan)

allerlei blad van het seizoen, wild, uit kas of moestuin
fruitige olijfolie extra vergine
balsamicoazijn (wit of rood) of appelbalsamico
versgemalen zout en peper
allerlei verse tuinkruiden en allerlei (onbespoten) bloemen

Pluk alle denkbare blaadjes: slasoorten, radijsblaadjes (tjokvol vitamine C) jonge snijbiettopjes en zuring. Pluk allerlei tuinkruiden, van peterselie en selderij tot basilicum en wilde soorten als het kan. Bloemen: borage, daslook, lievevrouwbedstro, madeliefjes, een wild roosje. Was alleen de sla, scheur in stukjes en zwiep door de slacentrifuge. Maak een vinaigrette van 4 delen olie, 1 deel azijn, met wat (brandnetel)mosterd en honing. Klop luchtig en lobbig met een snuf zout en peper. Meng de salade in een grote kom, giet er wat vinaigrette bij en roer om met uw handen. De blaadjes moeten glanzen, niet verdrinken.
Serveren: strooi eerst kruiden over de sla en dan alle bloemetjes.

Pure peentjes (bosworteltjes, mét het loof!) (V/Vegan)

1 wijnglas balsamicoazijn (om te reduceren)
500-600 g jonge worteltjes
snufje zout
klontje boter of margarine
bosje peterselie, gewassen, gedroogd

Verwarm de azijn in een steelpannetje tot kookpunt. Laat onafgedekt op laag vuur tot eenderde inkoken; haal van het vuur. Verwijder kapjes, staartjes en loof van de worteltjes (houd fris uitziend loof apart) en hak de worteltjes in schijfjes van 1 cm. Leg vers worteloof onderin de pan voor meer smaak. Leg de worteltjes erop, giet er een bodempje water bij, doe er boter op met 4 peterselietakjes en bestrooi met een snuf zout. Sluit de pan, breng de worteltjes op hoog vuur aan de kook, draai het vuur laag en kook ze precies gaar, in 8-12 min., dus controleer tijdig. In de ideale situatie is het vocht verdampt en zijn de glanzende worteltjes sappig. Gooi worteloof weg. Druppel wat azijn over de worteltjes en knip er fijne, verse peterselie over.
Serveren: bij peultjes en nieuwe aardappels met zilte tapenade of zelfingelegde, bewaarde kappertjes van Oost-Indische kers.

juni

Ensalada de papa, maaltijdsalade van nieuwe aardappels (V)

12 nieuwe aardappels, schoongeboend
4 el. pompoenpitten
snuf fijn kruidenzout
8 zelfgepekelde tomaatjes of 4 pomodori uit blik, uitgelekt
6 el. zelfgemaakte (of andere frisse) mayonaise
½ rode Spaanse peper, fijngehakt
1 potje suikermaïs, uitgelekt (of maïs van vorig jaar, uit de vriezer!)
1 rode ui, in ringen
2 knoflooktenen, fijngehakt
4 eieren, halfhard gekookt, gehalveerd
4 toefjes (zelfgemaakte) tomatenketchup en mayonaise

Als ode aan Juniors, Eerstelingen, Priors, Premières, Opperdoezen en al die andere eerste piepers van het land: deze 'salade van de Inca's', met hun aanbeden aardappel erin. De gele dooiers verwijzen naar de goddelijke zon.

Kook de aardappels beetgaar, stort ze direct 1 min. in ijskoud water en laat ze uitlekken. Verwijder resterende schilletjes, desgewenst. Rooster de pompoenpitten in een droge koekenpan op vrij hoog vuur, tot ze bol worden en opspringen. Draai het vuur uit, bestrooi pitten met zout. Hak aardappels en tomaten in blokjes, meng ze met elkaar en de mayonaise en schep peper t/m knoflook en de pompoenpitten er luchtig doorheen. Garneer met eieren (dooier naar boven) en versier die met toefjes ketchup en mayonaise.
Serveren: lekker bij geroosterd maïs-pompoenpitbrood, met plakjes echte feta.

Cottage cheese met goudsbloem en Oost-Indische kers (V)

1 el. verse of gedroogde goudsbloemblaadjes
1 l volle melk van geit of koe
1 dl yoghurt van geit of koe
sap van een hele citroen
versgemalen zout en peper naar smaak
1 el. fluweelzachte, aromatische olie (extra vergine): van olijf, noot, saffloerzaad, koolzaad of zonnebloem
een handvol blad- en bloemblaadjes van de Oost-Indische kers

Koemelk scheidt als je hem verwarmt met een zure substantie zoals citroensap. Geitenmelk doet dat ook, maar blijft fijner van structuur. De opbrengst van 1 l is ca. 125 g cottage cheese. Goudsbloem werd vroeger veel gebruikt om kaas te kleuren.

Knip goudsbloemblaadjes fijn. Breng de melk aan de kook, voeg yoghurt en citroensap in één keer toe, wacht tot alles opbruist en haal direct de pan van het vuur. Schep met een fijn, plat zeefje de gestolde deeltjes op een diep bord, roer er de goudsbloemen en olie door, maal er zout en peper over, laat afkoelen en zet de cottage cheese 1 uur onafgedekt in de koelkast, zodat hij opstijft.
Serveren: haal de cottage cheese 20 min. voor serveren uit de koelkast, knip de Oost-Indische kers fijn en roer er voorzichtig door. Super op versgebakken sodabread (zie mei).

van het land

Piepjonge tuinboontjes met bonenkruid en droge worst

1 droge worst, ca 200 g
(van schaap of rund)*
2 kg tuinbonen
enkele takjes vers bonenkruid
klontje boter
1 el. olijfolie of boter
* *Vervangers: saucisson sec, salami, chorizo.*

Een 'zachte' droge worst is ideaal. Ontvel de worst zonodig en snijd in dunne schijfjes. Dop de tuinbonen en breng 2 cm water aan de kook met bonenkruid en boter. Stort de tuinboontjes erin, roer om en laat 2 min. garen. Intussen: verhit olie of boter in een koekenpan en bak de worstplakjes knapperig. Laat de boontjes uitlekken en voeg toe aan de worst, verwarm 1 min. omscheppend mee.

Serveren: direct, met het kruidige vet van de worst, stokbrood en salade met artisjokhartjes (uit blik).

Rabarbertoet met honing, gember en angelica (V)

2 el. geschilde gemberwortel, in superdunne reepjes, 2 cm lang
200 ml zacht smakende, vloeibare honing
½ rol speltbiscuitjes of volkoren tarwebiscuitjes
1 kg rabarber
enkele blaadjes angelica (engelwortel)*
klontje boter
rasp en sap van 1 rode grapefruit
* *alternatief: citroenmelisse of sliertjes gekonfijte citroen*

Duw de gemberreepjes diep in de honing en zet 1 nacht weg. Verwarm de oven op 190 °C. Doe de biscuitjes in een stevige zak en bewerk ze met deegroller of stamper, tot grof gruis. Verwijder topjes en kontjes van de rabarber en trek harde draden weg. Snijd de stelen in stukjes van 2½ cm. Hak angelica fijn en meng met de rabarber. Vet een grote, platte ovenschaal goed in, verdeel rabarberstukjes over de bodem, begiet met grapefruitsap en bestrooi met biscuitgruis en grapefruitrasp. Sliert alle honing of een deel ervan erover, samen met gemberreepjes. Bak de toet 30-40 min. tot de rabarber net zacht is.

Serveren: warm. Dikke, romige schapenyoghurt of volle geitenkwark, gezoet met honing, is er heerlijk bij.

'Vlierbloesemchampagne demi-sec' (zonder alcohol!) (V/Vegan)

700 g rietsuiker
4 l water
12 grote vlierbloesemschermen, helemaal open en rijp
1 citroen, rasp en sap
2 el. milde witte wijnazijn

Los de suiker in het water op (verwarm het water daartoe zonodig; laat weer afkoelen). Doe alle ingrediënten in een grote pan, dek af en laat 24 uur staan (kamertemperatuur). Zeef de vloeistof, giet in brandschone flessen en sluit goed (draaidop of kurk). Laat 2 weken op een donkere, koele plaats staan. De 'champagne' gaat bruisen door de natuurlijke gistcellen op de vlier. Drink binnen 4 weken op. Proost!

juni

Actie in juni

Oogst in juni is een feest. Oogst zoveel u kunt en oogst snel: vergeet niet dat biologische groenten vaak kleiner zijn dan 'gangbare', maar veel intenser van smaak.

Steun voor tuinbonen. Deze groente wil geen verse mest maar wel compost en steun. Bind planten nog snel aan stevige stokken (want in juni is er altijd één grote storm!) of zet ze in een raamwerk (box) van paaltjes met stevig touw erom. Controleer op zwarte luis (op heen- en weer sjouwende mieren die de luizen 'melken'). Bespuit met brandnetelgier (zie mei) of haal de toppen weg. Haal bijtijds (schone) boventoppen weg (ca. 15 cm.) en eet ze! Stoof ze grof gehakt in olijfolie met knoflook en zout tot ze beetgaar zijn. Verrukkelijk! Zaai nog eens, voor 23 juni, om te oogsten in september.

Komkommers willen veel warmte, vocht, voeding en licht. Het liefst uitplanten bij mooi weer, in een kratervormig diep gat, gevuld met mest, grit (voor afwatering) en compost; dat werkt uitstekend (net als voor courgettes en pompoen). Verwijder mannelijke bloemen (zonder bolletje achter de bloem) bij ouderwetse rassen, anders worden komkommers bitter (te weinig of onregelmatig water geeft ook bitterheid).

Vlierbloesem oogsten gaat het beste met een lange schoffel in uw bagage! Zo haakt u achter de hoogste takken. Oogst altijd als de schermen volop bloeien, op een zonnige dag, als de dauw is opgedroogd. Beperk overdoses in receptuur, dat maakt vlierdrankjes etc. er niet lekkerder op.

Tomaten dieft u nu bijna dagelijks. Aard de planten aan tot de eerste bladeren, dat geeft meer/sterke wortels. Bind de planten stevig aan en verwijder iele scheuten en de onderste takken (voor meer lucht). Geel wordende takken of bladeren die schaduw werpen op de vruchten mogen er ook uit. Zodra alle vruchten kleuren kan nog meer blad worden weggenomen. Verminder dan ook het water geven, voor meer smaak!

Sla die in april of mei is gezaaid, is nu oogstbaar. Zaai door! Rode sla, witlof (als sla, lekker krachtig), bindsla, pluksla etc. etc., het kan tot augustus. Altijd in goed bewerkte grond met veel compost, bladaarde en wat as erdoor. Regelmatig gieten én plukken voor de boel 'schiet'. Voorgezaaide sla (2 zaadjes per potje of zaaivakje is weer handig) moet 5 blaadjes hebben (na de kiemblaadjes) voor de plantjes naar buiten mogen. **Worteltjes en pastinaken dunnen** naar tussenruimtes van 3-5 cm moet 's avonds gebeuren om de wortelvlieg niet (nog meer) uit te nodigen. Haal gedunde groente weg. Zaai weer door voor latere oogsten, die dankzij de nu opgewarmde aarde eerder klaar zijn. Neem stevige, enigszins stompe 'Nantes' in zware grond. Beter: werk er veel zand door. **Winterwortelen kunt u nu zaaien.**

Maïs kan nu, of in juli, naar buiten, altijd in een vierkant, want maïs wordt door de wind bevrucht. Zet ze om de 50 cm in enorm goed gecomposteerde grond.

Tijd voor de **kolen**! Dun ze drastisch of zet de allerbeste ruim uit in de bestemde bedden. Geef ze zonodig koolkragen aan de voet. Denk aan combinatieteelt (zie Annex I). Kolen vergeten? Zaai nog gauw boerenkool, de snelste, gemakkelijkste groeier van de familie.

Erwtjes zijn nu (bijna) over. **Knip de planten** boven de grond af, zo blijven de voedingrijke stikstofbolletjes die op de wortels zijn gevormd in de aarde. Zaai er rucola of boerenkool op.

Stokbonen (die tegen stokken aangroeien) en **stambonen**, die laag blijven, moeten regelmatig worden gewied en geoogst: de nog groene peul (als in sperzieboon) maakt nu snel 'binnenboontjes'. Ook die zijn te oogsten en te eten, als flageolets (peulboontjes), gedopt uit de peul.

Extra warmte in de koude kas: op koude, natte junidagen brand ik er wel eens kaarsen! Dat scheelt zomaar 3 °C! Of zet een waterton in de kas en schilder die zwart en vul hem met – eventueel voorverwarmd – regenwater: een warmtebuffer voor langere tijd.

Brandhout – zaag of verzamel waar het kan en sorteer in takkenbosjes en dikkere stammetjes. Klief de laatste zonodig. Leg ze te drogen in een aan

weerszijden open houthok met overstekend dak. Een beetje regen is niet erg. Het beste brandhout is twee jaar oud en goed gedroogd; meidoornhout is vaak al eerder brandbaar, maar pas bij jong (en dus nat) hout op voor snel(lere) roetaanslag in de schoorsteen.
Vijgen hoef je niet werkelijk te snoeien maar knip eventueel jonge scheuten eruit zodra ze zes blaadjes hebben. Dat houdt de struik/boom compact en bevordert de vruchtzetting volgend seizoen.
Rabarber wil zon tot halfschaduw en rijke, voedzame aarde met voldoende vocht en geen grote hitte: bij een halfstamappelboom, waar ochtend- en avondzon hem bereiken, is ideaal. Het is ook een hongerige klant die pas vanaf het derde jaar op stoom is. Dan kunt u her en der stelen oogsten, maar nooit meer dan de helft van de plant. Draai de rijpe rabarberstengels voorzichtig uit het hart los. Vanaf 1 juli moet rabarber weer op krachten komen. Stop dan met de oogst. Geef rabarber zodra de bladeren verwelkt zijn (november) een pets rijpe mest door een dikke laag compost. **Rabarber in de keuken:** kook wat blaadjes angelica mee (engelwortel, *Angelica archangelica*, dat gemakkelijk zaait). Angelica maakt de smaak elegant en vermindert de noodzaak rabarber zwaar te zoeten. Rabarberstukjes begieten met kokend water, 10 min. laten staan en afgieten vermindert het oxaalzuur aanzienlijk. Wat krijtpoeder toevoegen helpt eveneens, maar maakt de rabarber grauw.
Na **23 juni:** zaai nu paksoi, andijvie, veldsla. Zie Annex II!

juni

'Dear Miss Ruys, It will give me the greatest pleasure to receive you next Wednesday the 29th. Will you please go everywhere as you wish – the upper part of the ground is woodland which may be pleasant to wander in if the day is hot. The flowery part is below the house & lawn.'

('Beste juffrouw Ruys, met het grootste genoegen ontvang ik u aanstaande woensdag de 29e. Wandelt u alstublieft overal rond waar u maar wenst – het bovendeel van het land is bos, wat prettig kan zijn om in te dwalen als het warm is. Het bloemendeel ligt beneden het huis en gazon.')
Gertrude Jekyll aan Mien Ruys, 22 juli 1931, (archief buro Mien Ruys)

Het platteland 'bie zummerdag' • worteltjes als regenbogen • en dan is er gansje nummer twee • over vijvers en zwemlegendes • een 'Bels' in de buurwei • de kleine kunstcollectie: kolen! • drogende sjalotten • een haas schiet uit het struweel.

Drie eieren hield gans Jona meer dan dertig dagen onder zich. Uit eentje kwam Juno – een gent, denken we, op niets dan 'intuïtie' gebaseerd. Dan, op de tweede dag van de hooimaand, is er nóg een kuiken dat 's ochtends meespringt naar buiten: dooiergele Juul. Een gansje, hopen we. Ze heeft 'wallen' onder haar ogen maar laat zich danig gelden. De voerbak is laag genoeg voor beide kuikens om eruit te lebberen (havermout met water en een fijngehakt kippenei). Het allerliefst gaan Juul en Juno er helemaal in liggen, om volkomen tevreden te roeien met die stompjes van vleugels.

Lopen, grazen en zwemmen kunnen ganzenkuikens vanaf dag één, maar de ingegraven vijverbakken zijn vanwege hun steile wanden een *no go area*. Al te lang in het water mogen ze nog niet, hun dons kan doordrenkt raken; ook al poetsen ze zich vet, kou vatten is een reëel risico. De genten – alerte supervaders – opereren als een bewegende driehoek met de kuikens tussen hen in. Leider Lobbes is immer waakzaam, met één oog naar de hemel gericht, waar kraaien, buizerds en kiekendieven allang weten wat er in de ganzenwei rond waggelt. Moedergans Jona zit in de stal nog op het derde ei te zuchten. Geen zorgen: de opvoeding wordt soepel door de genten overgenomen.

Dan kukelt Juul op een ochtend in de vijverbak. In een seconde is het gebeurd. Blinde paniek breekt uit bij de vaders: de vijverrand is voor dit jong te hoog en te glad om er weer uit te komen. Ik schiet toe uit de moestuin, maar kan Juul niet benaderen door de verdedigende genten. Dus haal ik mijn partner, in de rol van gentbezweerder/badmeester, grijp de tuinslang en vul het vijverwater bij. Werkt niet. Opgetogen roffelt Juul door de golfjes, terwijl de vaders jammerend langs de kant staan. Dan stort ik een emmer water in één gloep in de vijver en op die surf spoelt Juul over de rand. Ze wordt ingehaald als zwemlegende Kok ('Goud voor Ada!') na haar Olympische winst in Mexico. Mijn partner en ik slaan ons voor de kop omdat we de vijvers glad vergaten. Terstond bouwen we een 'uitkruipdam' van stapels dakpannen en schuins geplaatste takken. Gevaar geweken.

Een vooroorlogse trekker hobbelt over gekeerd hooi

Zondagmiddag. Lui, broeierig weer. Bijen drinken uit de moeraspoel en krijsende zwaluwen slaan langs mijn gezicht een haakse hoek richting gras-

van het land

veld, op weg naar mug en vlieg. De zondagrust wordt voor één keer verstoord, want een vooroorlogse rode trekker (met een 'dun neusje') hobbelt over het gekeerde hooi in de wei naast ons. Hij sjort een bijna even oude balenmaker voort. Twee stevige jonge kerels, de basten bloot en koffiebruinverbrand, klaren de klus. Eén achter het grote trekkerstuur, de ander bovenop de hoog getaste balen. Stapelen, stapelen, stapelen, in de smorende hitte van een middag waarop onweer en regen dreigen. En tot ontlading komen: lichtvorken flitsen boven de vijf kerktorens die ik vanuit de tuin kan zien. 'Onze toren? Daar slaat minimaal tien keer per jaar de bliksem in,' zegt een cafébaas uit het buurdorp later die dag nonchalant.

Groningse graanakkers, om wierden heen gevlijd, of gespreid tussen de dijken. Zo mooi, zo mooi! Over zijn Franse korenveldschilderijen schreef Vincent van Gogh in 1890 aan broer Theo wat hij in die doeken probeerde uit te drukken, onder meer 'hoe gezond en hartversterkend ik het platteland vind.' Ondanks de woeste luchten die hij erboven schilderde, met die onheilspellende kraaien! Woeste luchten zijn er ook hier, en wel hemelsbreed: paarse avondwolken met oranje buikjes,

Hooitijd, en de oude trekker met dat mooie 'dunne neusje'.

inktzwarte of mosterdgele vegen vlak voor een bui. Zwemen groen als de zon in de herfst ondergaat, alpine ketens van bloemkolen 'bie zummerdag' of zware, drukkende sneeuwplakkaten, grimmig opschuivend vanaf de noordelijke einder. Even vaak is geen wolkje te bekennen, geen vuiltje aan de lucht. Dan staat de hemel als een blauwe koepel op het land. Véél hemel. 'Onner zo'n hoog gewölf van blauwe lucht,' dichtte de Groninger Jan Boer, 'vol roeme, frizze waddenwienden...' Op zulke dagen kun je maar één ding, bij het ontwaken: noar boeten!

Moeder en kinderen mogen het beste, het lekkerste voer

Opeens is ze weg. Het grasland naast het onze werd jarenlang bewoond door een 'Bels', een Belgisch trekpaard dat een schitterende meisjesnaam droeg maar dat wij om voor de hand liggende redenen

juli

'Windje' noemden. Vooral in het voorjaar, als het gras erg eiwitrijk is, veroorzaakte Wind seconden durende explosies.

Ze kon wel meer trucs. Als ze met briesend hoofd over de tussensloot kwam kijken wat ik aan het doen was, gooide ik haar graag een peen toe. De wortel negeerde ze om er, zodra ik wegliep, langzaam maar dreunend naar toe te stampen en hem krakend weg te werken. Soms zaten er spreeuwen op haar trillend warme huid, pluizend naar beest-

'Nee, gaat uw gang, na u!' doen de ganzenvaders beleefd.

jes, onderwijl meedeinend op haar brede kont. Elk voorjaar kwam Wind sneeuwwit uit haar winterstal tevoorschijn, schurkte ruggelings haar dode haar af – vier stevige benen maaiden door de lucht – en dan pikte een roodborst het paardenhaar gretig op, plukje voor plukje. Ze stoffeerde haar nest ermee.

Het derde ei onder Jona wil maar niet uitkomen, dus op een ochtend, terwijl ze even pauzeert van het broeden, haal ik het weg. Buiten het zicht van de ganzen hak ik het open. Bedorven. (Oempff! die lucht...) Nu was het opvallend dat Jona tijdens het broeden tot twee keer toe een ei uit haar nest werkte. Dít ei, zo blijkt, want we markeerden het alvorens het naar haar terug te rollen. Dan schoof ze het wel weer onder de borst, maar niet van harte, leek het. Zij wist wel beter.

Met het nest leeg kan Jona, sterk vermagerd en witjes om de snavel, eindelijk weer de lieve dag lang grazen, zwemmen, zonnen en heel veel dutjes doen. Bij wijze van krachtvoer werkte ze de schalen van haar twee kuikens al naar binnen en nu krijgt ze enkele malen fijngehakte kippeneieren met water en havermout. Zienderogen knapt ze op. Juno en Juul zijn van havermout via vijfgranenvlokken gepromoveerd naar hun eerste graankorrels. Plus veel gras, appel en bladlof. Een hele krop sla maken ze met Jona binnen een mum soldaat. En de genten, zelf behoorlijk dol op sla, staan op beleefde afstand ('Nee, gaat uw gang, na u!') of knagen harde peentjes klein voor de kids, want moeder en kroost mogen het beste, het lekkerste voer.

van het land

De museale collectie: zeven gebeeldhouwde kolen

Vroeger, toen ik pas met moestuinieren begon, kon ik niet begrijpen dat je winterkolen al in mei zaait. Of dikwijls nog eerder. Die eet je toch pas vanaf november? Maar sommige groenten hebben een lange incubatietijd. Asperges en artisjokken spannen de kroon, en ook rabarber kan er wat van. Nog steeds moet ik mezelf inprenten op tijd te zaaien. Veel tuinders kweken kool in de kas tot de plant zo groot als een knuist is. Dan pas mag-ie het vrije veld in. Bij mij krijgen kolen een mooi, goed bemest buitenbed. De opkomende plantjes dun ik gaandeweg en geef ze aan kip en gans. Rechtstreeks buiten zaaien houdt risico's in (vlinders, rupsen, slakken, muizen, egels, hazen en fazanten) maar de kas is overvol en een mens kan niet alles.

Dit jaar, nog zorgvuldiger wisseltelend dan anders, zet ik alle kolen bijeen, in rijtjes naast elkaar. Van vele soorten iets, kolen met losse pruiken of juist stevige sluitkoppen. Boerenkool, rodekool, 'Cavolo nero' (Italiaanse zwarte, of ook wel Toscaanse palmkool), savooiekool (de elegante, lichtgele 'Bloemendaalse Gele', allesbehalve charmant ook wel 'slobberkool' genoemd), spruitjes en 'Filderkraut', een fijne witte kool. En het museale pronkstuk niet te vergeten, de bijna uitgestorven 'Bont eeuwig moes'. Een cadeautje van vrienden. Nog zo'n enkeling is een eenvoudige bloemkool. Hij ondervindt startproblemen dus hapjes exquise paardenmest worden hem als truffels geoffreerd (langzaam, langzaam komt er progressie.)

Tussen de kolen in zaai ik alle sterk ruikende kruiden die ik maar kan bedenken, van munt tot basilicum, van bonenkruid tot salie. Hun etherische oliën, zo is het gevoelen onder biologische telers, houden broedse koolwitjes en ander ongenood volk op afstand. Ik ben geneigd dat ook te vinden en verheug me vanwege die geurige oliën extra op het schoffelen in het koolakkertje. En de planten lijken werkelijk rupsvrij. Mooi! Schoffel op de schouder, door naar de snijbiet. Over het grasveld komt mijn partner me tegemoet lopen. 'Zag je nog rupsen in de kolen? Vanmorgen vroeg heb ik ze weggehaald. Nee, rustig maar! Hooguit vijf. Weet je nog, vorig

juli

jaar? Toen had ik eens een jampot vol!' (Het was het enige potje rupsen. Daarna stoomden de kolen onbelemmerd door.)

Juul en Juno groeien als kool, imiteren hun ouders en doen aan alles mee, zoals aan het begroetingsceremonieel, enkele malen per dag uitgevoerd. Ook zij strekken dan hun nekken, staan op de tenen en laten hun embryonale vleugeltjes trillen als donsvlinders. Als ze het warm hebben ploffen ze neer achter een heg of gaan in de schaduw van een grote gans liggen, die dan als bevroren stilstaat. Na drie weken vervaagt Juuls dooiergeel naar wit en Juno wordt met de dag grauwer. Ze lopen niet langer trippelend maar stoer, op zevenmijlslaarsen, of deinend van heup tot heup. Hulp van mensen hebben ze niet nodig, ganzenkuikens kunnen alles zelf. Alleen de allereerste avond moest Juul, één dag oud, over de hoge staldrempel worden getild. Vanaf dat moment weet ze hoe het moet. Bij het opstallen positioneert ze zich pal voor de drempel, concentreert zich, doet een reuzensprong en belandt fladderend in de stal. *Easy.*

's Ochtends vroeg schiet een haas uit het struweel

Dit is de tijd van lelies, die ik haat. Zeker geurloze oranje, die we hier erfden. Toegegeven: ze staan – van een afstand – best aardig in de schuin aflopende slootborder, maar ik negeer ze graag zodra ik late rozen zie, en vlinderbomen, en hortensia's en schermbloemen, en 'Lucifer', de vuurrode crocosmea.
Wind en zon, dat is wat ik wil in juli, en wat ik krijg, voor mijn sjalotten. Het loof is gestreken, de kronen opgegraven en vochtige velletjes verwijderd. Nu kunnen ze naast de uien drogen, op rekken, of bungelend in de bonenstaken. De oogst is heerlijk: Mexicaanse aardappels, bloem en blad van de Oost-Indische kers, aalbessen, kippeneieren (soms wel zes per dag!) en blauwschokkers. Het verhaal gaat dat Nederlandse kapucijner monniken die paarse tint erin teelden zodat je de peulen goed van het loof kon onderscheiden. Dat scheelde, bij de pluk.

Mosterd- en korianderzaad en saffloerbloemetjes oogst ik ook en droog ze voor later gebruik. De saffloerdistel (*Carthamus tinctorius*) is een dubbeldoelplant want de plukjes rode en gele draden bieden verfstoffen (tinctorius, immers?) en de pijnboompitachtige zaden eronder geven olie, waarmee schilders vroeger werkten. Dieren zijn ook dol op de zaden, net als gourmands, want uit saffloer kun je onverzadigde olie persen die fluweelzacht is. Ik gebruik de gedroogde draadjes als armeluissaffraan, culinaire kleurstof. Het mist dat lekkere inkt- of jodiumachtige van saffraan, maar maakt yoghurt lichtgeel en rijst goud.
Saffloer is een oud gewas. Het zou nooit ontbreken in kloostertuinen. Bij mij staan de planten achter de roodgenerfde snijbiet en dahlia's. Ik geniet van die kleurcombinatie. Er is ook het hemelsblauw van vlas, het geel van ganzenbloemen en elders het pastel van twee soorten lathyrus, als sierwerten vrolijk meebloeiend in het peulenvak. Hun geur is zo overweldigend 'zomer' dat ik vergieten vol wil plukken en dat ook *moet*. Alleen dan bloeien ze door.

'Als er goden bestaan eer ik die in de vrije natuur, in de wilde planten en dieren om mij heen,' schreef Daphne du Maurier eens. De goddelijke schoonheid van flora en fauna is steeds meer ook mijn inspiratiebron of hogere belevenis, om het 'S-woord' (spiritueel) maar niet te gebruiken. Ik verkeer in de gezegende omstandigheid dat ik met mijn neus op het wild in de natuur kan leven. En ik probeer te kijken, en te luisteren. Reeën in het verre veld. Een fazant die bij storm de luwte van onze tuin verkiest, mij hoort, en met strakke poten wegspurt. Salamanders en geelgerande kevers in de vijver, het zwoegend zuchten van parende egels in het bamboebos, roepende koekoeken in mei. Vleermuizen bij het vallen van de nacht, onder een stralende Melkweg. Een ransuil op een winteravond – oorpluimen afgetekend tegen de hemel – slechts op een meter afstand van het raam, naar binnen starend. De haas die 's ochtends vroeg voor mijn voeten uit het struweel schiet. Mijn *eigen* struweel... dan moet je je toch in je arm knijpen?! In ieder geval in je handen.

Sperziebonen à la fermière (V)

Hij doet er weliswaar spekjes bij, maar de grote chef Paul Bocuse heeft in zijn restaurant bij Lyon deze boontjes ook op de kaart staan. Dus dit gerecht is zowel 'boers' als drie Michelinsterren waard!

800-900 g sperzieboontjes
4 el. zonnebloempitjes
½ tl. fijn zeezout
4 eieren van krielkippen of 3 grote
2-4 sjalotjes, zeer fijn gesnipperd
2-4 nieuwe aardappels, in blokjes
2 el. citroensap
3 el. witte wijnazijn of appelazijn
3 el. olijfolie
½ el. fijne dijonmosterd
4 el. zelfgeklopte mayonaise
grof gemalen zwarte peper

Haal de boontjes af en kook ze in lichtgezouten water beetgaar. Giet ze af en halveer ze, zonodig. Rooster de pitten honingblond en bestrooi ze met zout. Kook de eieren halfhard, laat ze schrikken, pel ze en hak ze fijn. Meng boontjes, zonnebloempitten, ei, sjalotten en aardappels. Klop een frisse saus van citroensap t/m peper en schep door de boontjes.
Serveren: direct. Met spek, à la Bocuse? Bak 150 g spekblokjes knapperig, dep ze op keukenpapier en strooi ze over de boontjes.

Véél verse kapucijners, met rookvleesblokjes

verse blauwschokkers of rozijn-erwten, zoveel als u lekker vindt
klontje boter
50-60 g rookvlees per persoon; vlees aan een stuk

(Pluk en) dop de kapucijners zo kort mogelijk voor het bereiden. Breng een dun laagje water aan de kook in een grote, platte pan, roer de boter erdoor tot die gesmolten is en stort de kapucijners erin. Breng ze snel, afgedekt, aan de kook, draai het vuur direct laag en laat ze 3-4 min. afgedekt koken tot ze precies gaar zijn. (Schep ze halverwege een keer om). Afgieten is waarschijnlijk niet nodig. Schud er nog wat boter door.
Serveren: hak het vlees in kleine stukjes en roer het erdoor. Puur, simpel genot. Geef er pasta en een groene salade bij.

van het land

Kort gestoofde snijbiet met ansjovis en rosé

2-3 vergieten vol snijbiet
1 potje ansjovisfilets (ca. 75 g)
4 el. olijfolie
1-1½ wijnglas droge rosé
2 knoflooktenen, fijn gehakt

Verdeel de gewassen snijbiet in stelen en blad. Snijd stelen in stukjes van ca 3 cm; snijd het blad grof. Snijd ansjovisfilets in flinters. Verhit olie in een grote koekenpan tot deze bijna walmt en roerbak de stelen er snel in, 1 min. Voeg ansjovis toe, roerbak enkele tellen mee en voeg snijbietblad toe. Schep goed om en giet er rosé en 1-2 el. olie uit het ansjovispotje bij. Voeg knoflook toe en laat afgedekt 3-5 min. sudderen. Schep halverwege nog eens om.

Serveren: met aanhangende saus over speltspaghetti of bulghur.

Kruidige linzen met 'spicy' bietjes en (geiten)camembert (V)

1 tl. grof zeezout
1 el. jeneverbessen
1 el. karwijzaad (kummel)
1 el. anijszaad
scheutje malse olie (van olijf, zonnebloem of saffloer)
2 el. verse munt, fijngehakt
20 jonge bietjes, formaat golfbal of iets groter
500 g Du Puy linzen
200 ml droge witte wijn
2 knoflooktenen, gepeld, grof gehakt
5 takjes bladpeterselie
3 takjes tijm en 1 topje rozemarijn
1 (vers) laurierblad
½ tl. zout
5 extra takjes bladpeterselie, fijn gehakt
5 topjes munt
snuf zout
rasp en sap van ? citroen
scheut malse olijf-, zonnebloem- of saffloerolie
5 extra topjes verse munt
ca. 200 g geitencamembert, in kleine stukjes

Maal zout t/m anijs in keukenmachine of schone koffiemolen en roer dit door de olie, met de munt. Haal het loof van de bietjes tot 2 cm erboven, doe de bietjes in een pan en kook ze in een royale bodem water gaar, afhankelijk van de dikte en versheid, in 12-20 min. Haal ze uit de pan, laat ze kort schrikken in koud water, stroop ze, halveer ze en smeer ze in met de specerijenolie en munt. Dek af en zet weg (maar niet koud). Doe linzen met wijn t/m laurierblad in een pan en voeg water toe, zo dat de linzen nét onderstaan. Breng ze aan de kook en laat afgedekt in 20-30 min. beetgaar worden. Giet ze zonodig af, verwijder de kruiden, roer het zout erdoor en voeg de extra peterselie toe. Klop zout t/m olie tot een frisse dressing.

Serveren: verdeel warme (uitgelekte) linzen over 4 borden, bedrup met dressing, verdeel munt en camembert erover; schik de bietjes ernaast.

juli

Falafel van tuinbonen met tahinisaus (V/Vegan)

Van dubbel gedopte tuinbonen (of kapucijners) kun je geweldige falafel maken, of vegetarische paté!

1½-2 kg tuinbonen (voor 500 g 'binnenboontjes')
½ bosje bladpeterselie of ¼ bosje selderij
1 bosje koriander
enkele topjes bonenkruid
4 lente-uitjes, zeer fijngehakt
½ rode Spaanse peper, fijngehakt
1 tl. komijnzaad, gepoft
3 tl. gemalen komijn
4 tl. gemalen korianderzaad
6 verse knoflooktenen, fijn gehakt
2 tl. zout
wat bloem
frituurolie

voor de tahinisaus:
250 ml lichte tahin (sesampasta)
sap van 2 citroenen
3 knoflooktenen, zeer fijngehakt
1 tl. scherp paprikapoeder
2-3 el. heet water
2 el. zeer fijngehakte munt

Dop de tuinbonen, blancheer ze 2 min. in kokend water, stort ze in koud water en verwijder velletjes. Pureer de binnenboontjes; u hebt 500 g massa nodig. Blend peterselie of selderij t/m zout en meng met bonenpuree; laat dit mengsel 1 uur afgedekt en koud rusten. Vorm er platte koekjes van (doorsnee 4 cm), voeg bloem toe als het mengsel te vochtig is. Verhit een flinke laag olie in een grote koekenpan tot de olie begint te walmen. Bak de falafel in porties, draai ze voorzichtig om. Herhaal, houd warm in de oven (op 75 °C).

Voor de saus: Blend tahin t/m paprikapoeder tot een 'lopende' saus, zonodig verdund met heet water.

Serveren: roer munt door de saus, geef de falafel in warme, opengesneden pita's, gevuld met sla; giet er wat saus over.

van het land

'Paté' van tuinbonen of kapucijners (V)

500 g dubbel gedopte tuinboontjes- of kapucijnermassa (zie hiernaast)
250 g echte geiten- of schapenfeta
3 knoflooktenen, gepeld
1 el. vers bonenkruid (of meer naar smaak)
flinke snuf grof gemalen zwarte peper of shotje rode Tabasco
olijfolie extra vergine

Blend de peulvruchtenmassa met feta, knoflook, bonenkruid en zoveel peper als u lekker vindt. Gebruik voldoende olijfolie om de paté smeuïg te maken. Schep in bakjes.
Serveren: koel maar niet koud, op (rogge)brood. Laat zich prima invriezen.

Ongekookte zwarte bessensiroop met kruidnagel (V/Vegan)

1 kg zwarte bessen
2 kruidnagels
750 g rietsuiker
desgewenst ook: een takje munt en/of verveine

Ris de zwarte bessen van hun takjes. Doe kruidnagels en kruiden onderin een grote glazen weckpot en vul deze met afwisselende laagjes suiker en bessen. Eindig met suiker en stamp aan om zoveel mogelijk lucht te lozen. Vul de pot helemaal (of gebruik kleinere potten), sluit de pot en zet hem 6 weken op een koele, donkere plaats. Zeef de siroop in brandschone flessen.
Serveren: verdund met bruisend bronwater, met verse munt of verveine in het glas.

Luxe zomerfruitcocktail met champagne (V/Vegan)

(voor ca. 6 porties)
500 g rijpe aardbeien
4 el. Grand Marnier
4 el. vloeibare honing of rode vruchtendiksap
3 rijpe perziken, ontpit, in dunne plakjes
225 g rode bessen, steeltjes verwijderd
225 g frambozen
1 fles koude, droge champagne (Taittinger) of cider

Was, droog, ontkroon en halveer aardbeien. Doe in een kom met Grand Marnier en zoetmiddel, meng met perziken en bessen en laat 1 uur ongekoeld marineren.
Serveren: vul 6 flûtes voor driekwart met fruit, een scheutje marinadesap en enkele frambozen en vul aan met champagne of cider.

Actie in juli

Zaaien, uitpoten en dunnen van late zomergroenten en najaarsgroenten moet nu beginnen! **Zet prei uit** zodra de plantjes zo dik zijn als een potlood. Beter is 'inwateren': graaf een geul of priem gaten van 10 cm diep. Doe wat rulle compost onderin en vlij de sprieten erin, op 15-20 cm afstand van elkaar, met een flinke scheut water erbij. Enkele dagen leunen ze tegen het aarden wandje als indolente tieners op een vierzitbank, maar heus: zo leren ze zich te wortelen. Aard af en toe aan om blanke stelen te krijgen. 'Stokprei' (schietende prei) ontwikkelt een harde kern binnenin. Haal die er direct uit.

Zaai venkel (als groente) nu pas buiten (tegen 'schieten') en zet de sterkste plantjes uit op 25 cm van elkaar zodra ze 7 cm hoog zijn. Voorzaaien in de kas kan. Venkel wil rijke grond en behoorlijk vocht. Oogsten kan tot de eerste pittige vorst! Haal per **pompoenplant** alle beginnende vruchten en bloemen weg, op 2 of 3 veelbelovende vruchten na, van minimaal 20 cm doorsnee. Haal ook de takken weg na die vruchten, laat ca. 10 cm zitten. Maak rijpende pompoenen vrij van overhangend blad zodat de zon erbij kan, en schuif er, vooral op natte grond, voorzichtig een oude dakpan onder, bolle zijde naar boven, voor extra warmte en bescherming. Gooi verwijderde plantenresten op de composthoop. Verse **pompoenscheutjes** zijn trouwens heerlijk, gebakken in olie!

Witlof wil ruimte: dun op 12 cm tussen de planten. Eet het blad van gedunde planten in de sla of stoof steel en blad. Lichtbitter en heerlijk.

De zon in de koude kas schijnt soms onbarmhartig. Gewitte ruiten of rolgordijnen temperen hitte. Gemakkelijker: laat een pompoenplant ongebreideld z'n gang gaan tegen het raam dat op de heetste uren de felste zon pakt. Dat geeft gefilterd licht, ook als u er niet bent om de gordijnen neer te laten... Knip de bladen weg of verwijder ranken waar nodig. (Verwacht geen vruchten, dit is uw kashulpje!) **Druiven:** tel 2 blaadjes boven elk fatsoenlijk trosje en knip de tak daar af. Krent de druiven als het kan (= kleinste uit de tros peuteren, voor grotere vruchten).

Warmteminnaars: naast druiven en vijgen is de koude kas een heerlijke broeiplek voor aubergines, meloenen, Spaanse pepers, okra's en andere warmteminnaars. Zaai deze altijd bij **warm** weer voor, dat scheelt veel teleurstellingen. Doorgaans eisen ze rijke aarde, veel vocht en hitte; kweek ze in diepe terracotta potten (dan kunnen ze ook eens naar buiten), gieter veel, bind aan waar nodig, dun een overdaad aan kleine vruchten om enkele grotere te winnen en geef rijkelijk gier. Ventileer de kas goed (schimmels)!

Courgettes oogst u vanaf 10 cm lengte met een scherp mes! Koele zomers veroorzaken matige bevruchting en dus weinig courgettes. Pluk dan een mannelijke bloem en bevrucht alle vrouwelijke, te herkennen aan het bolletje direct achter de bloem.

Zonnebloemknoppen: haal bij overdaad dikke, ongeopende knoppen weg en frituur ze in zonnebloemolie knapperig. Beetje zout erover, heerlijk!

Kruiden geven zoveel geur aan keuken, huis en voeding dat iedereen ze zou moeten telen. Kies gemakkelijke types, maar leer hun behoeften kennen. Alle kruiden hebben baat bij zon, voor veel aroma. Zeer globale tweedeling: *de kalkminnende soorten*, die veel warmte, weinig nattigheid en modale voeding wensen: bonenkruid, hysop, rozemarijn, lavendel, laurier, oregano, salie, tijm en wijnruit. Daarnaast *de niet per se kalkminnende soorten*, basilicum, borage, dille, dragon, goudsbloem, salie, venkel (als kruid, ook voor zaad), verveine. Vooral basilicum wil extra vertroeteling met karladingen compost en warmte, dat houdt de blaadjes ook zacht! De volgende soorten wensen veel voeding en vocht en kunnen halfschaduw aan: bieslook, citroenmelisse, engelwortel, kervel, koriander, lavas, mierik, munt, peterselie, pimpernel, selderij. Zaaien in de volle grond biedt vaak enorm veel oogst, hoewel rozemarijn en bieslook het in potten uitstekend doen. Veel kruiden zijn overblijvers of zaaien zichzelf weer uit; zaad winnen kan nu, zachte stekjes nemen kan altijd. Van bieslook scheurt u mooie stukjes van de zijkanten. *Oogsten*: pluk alle kruiden die nog niet in bloei zijn. Verwijder aangetaste blaadjes, bind bosjes bijeen en laat ze uit de zon in circulerende lucht drogen (aan een wasrek onder een afdak). Stop ze in bruine papieren zakken, schrijf erop wat erin zit en hang deze aan een waslijntje op zolder of berg ze luchtig op in kartonnen dozen. Donker, koel en droog bewaren.

Oogst snijbiet zoveel als u kunt. Neem alleen fris blad, van elke plant telkens wat, en gooi dof blad op de composthoop. Geef voldoende water, waarmee u 'schieten' vermijdt. **Sperzie- en snijbonen:** pluk ze voorzichtig om de tweede en derde bloei niet te storen. **Sjalotten, knoflook en uien:** de eerste oogst valt als het loof geel wordt en strijkt. Steek ze voorzichtig op met een riek of spork, liefst bij zonnig, winderig weer; laat ze enkele uren drogen op de aarde. Bij uien: buig de stengels 5 cm boven de hals stevig om (dan groeien ze niet door). Later: wrijf de aarde eraf en verwijder eventueel natte, buitenste velletjes. Bind ze in niet te dikke bundels en laat ze bij winderig weer (met zon) aan de bonenstaken enkele dagen verder drogen. Daarna: droog ze in kistjes of kratten in de volle zon, of in een warme ruimte. Regelmatig draaien, controleren. Stengels inkorten als ze kurkdroog zijn en heel luchtig bewaren in stevige bruine zakken of bruine dozen (dichtvouwen). Niet te veel bij of op elkaar, wegens smetgevaar.

Andijvie, paksoi, veldsla zaaien: maak vrijgekomen bedden goed onkruidvrij, geef ze wat compost en zaai ze in met (twee lichtingen van) deze bladgroenten voor de tweede zomerhelft. Paksoi is heel goed als 'plukkool' te gebruiken. **Tomaten water geven en inkorten.** Geef kastomaten 's ochtends water, dan kan al het vocht verdampen voor ze de nacht ingaan en vermijdt u schimmels. Geef de planten zodra ze bloeien water aan de voet, niet op het blad. Tomaten met een barstje duiden dikwijls op teveel water ineens. Dief planten nu voortdurend en neem lange scheuten in boven het bloeisel. Overtollig blad legt u gewoon op de grond bij de tomaten, ze prefereren hun eigen mest! Ziek blad wordt verbrand. **Haksel snoeihout** nu, het kan voor de herfst nog flink verteren in de composthoop. Controleer eerst of er geen late vogelnestjes (of dieren) in zitten.

juli

'Earth heals.'

('De aarde heelt.')
Monty Don, *My roots*, 2006

De eerste van de grote oogstmaanden • samen bramen plukken • even van het erf af, naar de waddenhaven • strompelen over courgettes • twee nieuwe damesganzen • die prachtige armeluissaffraan!

augustus

[oogstmaand / corn moon]

Hoogzomer. De eerste van de twee grote oogstmaanden. Waar de moestuinder in juli soms even achterover kan leunen, met de gewassen een flink eind op streek, zijn er nu enorm veel 'klaar' om te oogsten. De eerste groenten steek ik nog voorzichtig in mijn tuinbroekzakken of vlij ze in vergieten; dan, naarmate de overvloed toeneemt, gooi ik ze steeds achtelozer in manden en uiteindelijk werp ik ze in een kruiwagen en rij ze naar de keuken. Een moestuin in augustus wordt getekend door pompoenen (groeiend, groeiend, groeiend!) en courgettes. Over courgettes moet je nu kunnen strompelen. Maar het zijn de lolbroeken van de moestuin, want het ene jaar kom je erin om en krijg je geen courgettesoep of ratatouille meer naar binnen, het andere jaar spelen ze verstoppertje... Mijn eerste courgettes, ooit lukraak half mei gezaaid in mijn voormalige volkstuin, waren een openbaring. Dus bleef ik ze telen, om hun smaak, imposante statuur, pronte bladeren en bloemen. Als zelfteler in een alerte bui pluk je de vruchtgroente precies op het juiste formaat. Tien centimeter bijvoorbeeld. Over die maat vigeren allerlei meningen – ik begrijp dat veertien centimeter de winkelnorm is – maar je moet er niet overspannen van raken. Helaas doen supermarktinkopers dat juist wél. Een biologische groenteteler vertelde me eens dat haar gehele oogst aan puntgave courgettes werd geweigerd... omdat ze een halve centimeter te lang waren. En ook een tikkeltje krom, dus pasten ze niet in het kunststof bakje. Kisten met losse courgettes en papieren zakjes ernaast, denk je dan.

Goed opgeslagen courgettes krijgen een bewaarschil!

In een ander seizoen groeiden mijn courgettes voortreffelijk. De oogst was nabij, maar ik wilde ze nog één dag geven. Toen barstte de hemel open. Dagenlang. Dan weet je als moestuinder wat je te wachten staat. Zeppelins. Krankzinnige, armenvullende courgettes die ik maar in de kelder legde, hopend er hectoliters soep van te brouwen, voor de vriezer. Dat kwam er niet van, maar kijk: de courgettes, haastig op kratjes gelegd, kregen een harde schil! Net als hun familieleden pompoen! Ik had mazzel, want zoiets lukt alleen als er voldoende circulatie is van droge lucht. Eenmaal duurzaam afgehard blijven ze weken goed en hun smaak intensiveert. Regelmatige controle moet, echter, want zodra er een soppend plekje ontstaat gaat het hard: voor je het weet sta je een glibberende, riekende pulp op te schrapen van de keldervloer. Ik spreek uit ervaring.

Eens, in een koude, natte mei had ik pech: van alle voorgetrokken planten bleef er slechts eentje leven. En die schoffelde ik om. Per ongeluk, maar doormidden, kaduuk, *a goner*. Voorheen ging ik op dergelijke crisismomenten keihard aan het puinpad werken (oude dakpannen aan gort timmeren, wat

altijd beter is dan mijn partner of de hele wereld uitschelden) maar hameren hoeft niet langer. Tegenwoordig begin ik ijzerenheinig van voren af aan en zaai opnieuw. Die oktober had ik zonbeschenen courgettes. Geen kruiwagen vol, geen hectoliters soep, nee: gewoon genoeg.

Alweer schuift de zomer een streepje op

Plattelandles één: na regen komt zonneschijn. Tijdens instabiele zomers kunnen boerenvrienden hun agenda's wel weggooien want dan doorkruist één afspraak alle andere: de *date* met de combine. Op een stralende zaterdagmorgen ronkt, gonst en ratelt het overal, van piep tot ruis: 's nachts schij-

Combines, wit licht, stoppelvelden.

nen sterke lichten als ufo's over het graan en vrachtwagens brengen de oogst naar weegstations en loodsen. De ochtend erna, op straat, pikken tientallen musjes vermorste korrels weg tussen de klinkers. Als ik de dorpsstraat uitkijk, voorbij het laatste huis, zie ik geen wuivend graan maar stoppelvelden. De zomer is een streep opgeschoven.

In zijn mooie, persoonlijke boek *My roots* schrijft Monty Don hoe moeilijk, verwarrend en frustre-

augustus

van het land

rend tuinieren kan zijn. Hoe het toewijding vraagt en de wens om te leren en te *blijven* leren. Dat je moet accepteren dat je er nat en koud van wordt, of warm en zweterig, pijnlijk stijf, moe en terneergeslagen. 'Het kost je geld en neemt meer tijd in beslag dan je eigenlijk hebt. Maar tuinieren zal je bij tijd en wijle het gevoel geven dat je lichaam en geest zo levend en tevreden zijn als maar kan!' Helemaal waar. Dat vond ik zelfs na de ravage van een zekere Hollandse zomer, toen na wekenlange regens, van persistent zeurderig tot hoosbuien, het schoffelwerk hopeloos achterop kwam en de phythophtora (aardappelziekte) kale plekken naliet waar aardappels en tomaten hoorden te staan. Toch, de aardappels en tomaten die ik nog kon redden werden gekoesterd als de parels des velds die het zijn en juist dankzij de regen raakten de kardoenen voorgoed gesetteld, wist de snijbiet van geen ophouden, bleven de sperziebonen kilo's opleveren en weefden de pompoenen zich door alles wat houvast bood. Wel kregen 'Gele Centenaar' en 'Groene Hokkaido' een bolle dakpan onder de bips, tegen smetplekken. Bovendien zuigen de pannen zonnewarmte op en stralen dat na tot in het duister. Gratis kacheltjes.

Een ziltige wind drijft ons naar de haven

Ons sociale leven veranderde in het Noorden drastisch. Klein voorbeeld: zou ik een vriendin vroeger mailen 'heb je dat of dat toneelstuk al gezien?' start ik nu berichten met 'vertel eens, zijn je uien al binnen?' of 'heb je nog hulp nodig bij de bessenpluk?' De boerenvrienden tellen hun oogsten in tonnen, ik in tientallen. (Tweehonderd sjalotjes!)
Op een dag, wiedend met vrienden, is de wind bepaald ziltig. Hij doet me aan Ierse kusten denken en hoe ik dan dagenlang vis wilde eten. Ik zeg dat hardop en binnen een halfuur zitten we aan de haven, achter een bord zeevis. Waddengarnalen gaan mee naar huis, om in te maken. Ook werp ik een 'handje vol bie d'hounder in,' zoals Ede Staal zingt. Kippen zijn gek op 'genoat'.

In de beginnende boomgaard ziet de boel er hoopvol uit: de oudste appels, de ons geschonken James Grieve en Cox' Orange Pippin, komen op stoom en we tellen de rijkste oogst tot nu toe, waaraan de bijen ongetwijfeld bijdroegen. Met zoek-en-vindprocedures in de omgeving vullen we de voorraad aan, voor onszelf en de minstens zo appelgretige ganzen en kippen. Dus ogen wijdopen voor bordjes aan de weg, want '5 kg onbespoten appels € 2,00' is een geweldige mededeling! Ook op landgoederen of in verlaten boomgaarden, waar geen hond taalt naar valfruit, sla ik mijn slag, met doortastend tuinvriendin K.. Zij is elk kwartaal hier; in hittegolven, moessons en bijtende kou verzet ze bergen. Nauwelijks wil ze het erf af, hooguit om op zo'n appelmissie te gaan. Thuis sorteren we: een emmer voor ons, een emmer voor moes, en twee emmers voor de dieren.

Er loopt een ridder in de tuin!

In augustus, werkend tussen hoge zonnebloemen en bonenrekken, ben ik het zicht op mijn partner, de *Head Gardener*, dikwijls kwijt. Die staat elders gekleed als Ivanhoe dichtgroeiende paden en rietoevers te attaqueren: helm op, scherm voor en de bosmaaier als zwaard. Mijn partner schoont ook de goten, snoeit de rozen en snipt aan de heg. Automatische taakverdeling. Samen leggen we nog wel eens een boompje om, met de *Head Gardener* scherp calculerend. 'Nee, mop, niet daar gaan staan. Daar komt-ie juist neer!' In mijn kwaliteit van dommekracht sleep ik met de takken, waarmee ik de houtril ophoog, terwijl achter mij stammetjes tot kachelhout worden gezaagd. In ons eerste seizoen zouden we na zo'n klusje stram van de spierverzuring in een stoel zakken. Nu is het bijna bizar hoeveel werk we aankunnen.

De kleine ganzen zijn zo groot als een eend, met veren in plaats van dons. Tot zover alles wel, maar er komt onrust in de vorm van twee nieuwe Twentse Landganzen, opgehaald van hun moedergrond. Ik bestelde ze in mei – niet meer rekenend op eigen broed – om de rare verhouding drie genten met één gans op te heffen. Ondanks de geboorte van Juno en Juul zet ik door, want nieuwe ganzen

'I love you, Lulu!' roept de houtduif.

brengen vers bloed in de groep. Annejet en Tinkerbell (ja, hoe kom ik erop) zijn beeldschoon en erg volgens Twents Landgansmodel. Dat maakt geen indruk op de genten, die hun jongen fel verdedigen en de nieuwe dames onderaan de rangorde plaatsen. Zo gaat dat, een kwestie van slikken of stikken. Bij het opstallen die avond meppen de genten hen de deur uit en ook de tweede nacht mogen ze de stal niet in, mijn hulp ten spijt. Annejet en Tinker slapen buiten, en ik binnen, met de vrees om het hart. Niet wéér zo'n drama als ooit. Mijn partner ziet het aan en merkt achteloos op: 'Jij bent toch de baas, niet de genten?'

De volgende avond pak ik twee stokken en verleng mijn armen ermee. Voor stokken hebben ganzen ontzag maar ook angst, dus gebruik ik die slechts in noodgevallen. Zoals die avond. Ik pomp mezelf vol adrenaline, maak een V, drijf de dieren op naar de deuropening en frommel alle acht de stal in. Halleluja!

Het is een pyrrusoverwinning: overdag jagen de charges van de genten de Twentse Twee op de wieken, zelfs zozeer dat Tinker er vandoor vliegt. Dat mag, dat kan. Als onze dieren weg willen en het ergens anders fijner hebben, soit. Dan, na een etmaal, stormt mijn partner door de keukendeur: 'Tinker is terug!' Vreugde alom, althans bij ons en gans Annejet. Die dag winnen de Twentse Twee 3,41 centimeter terrein op de genten. En zijn 's avonds als eerste in de stal. Binnen is binnen.

'I love you, Lulu!' verklaart de houtduif vanaf zes uur 's ochtends. Een langdurig herhaalde lofzang. Het is zo'n beetje het enige morgenlied (naast het gekukel der dorpshanen), want veel vogels houden het voor gezien of trokken al weg. 'Lulu' klinkt heel anders dan de papegaaiachtige schreeuw van de tientallen torteltjes of de spookachtige echoklank van de hier zeldzame holenduif, een kreet die je de stuipen op het lijf jaagt.

In de kas oogst ik tomaten en buiten ligt komkommer 'Gele Tros' afgemeerd aan de voeten van de maïsstaken ('Sweet Bantam'). Die twee doen het prima bij elkaar. De pronkboon 'Painted Lady' schoot vier meter de lucht in, dus kreeg ze extra lange bamboestokken, gezaagd uit de 'oosterse'

van het land

tuinhoek. Daar staan stammen als heipalen en takken die lijken op de driedelige vishengeltjes uit mijn kindertijd.

Mozes, St. Michael en Halloween

Als er nog *iets* van de jager-verzamelaar in ons schuilt dan bespeuren we dat in augustus. Want kijk maar in bos, hei en struweel. Neergesmeten fietsen? Emmers aan het stuur? Bramen! De braam (*Rubus*) is de wilde augustusvrucht bij uitstek en zelfs een gewas uit de Bijbel. Immers, 'aan Mozes verscheen een engel uit een brandende bramenstruik' (Exodus 3:2). Een teken des Heren. Bij 'bramenstruik' zie ik met name een ongebreidelde woesteling aan mijn moestuinrand: een hoge prikkelheg vol doorns, waarin hommels, vlinders en kikkers vertoeven. Samen met de stekelige meidoorn werd de braam vroeger als haag gebruikt om het vee in – of juist buiten – de perken te houden. Een gratis, natuurlijke oplossing. Pure ecologie. Hoewel je de braam officieel na de oogst moet snoeien (of uitroeien, volgens sommigen!) doe ik dat te weinig. Dat levert een dubbeldikke haag op met honderden, honderden bloemen in de vroege zomer en honderden, honderden bramen in augustus. En buren tappen uitlopers af, zodat zij er ook de vruchten van plukken.

Het is onvermijdelijk dat ik een lied aanhef: Herman van Veens 'saahmen bràahmen plûkkûûn...' Bramen horen bij vroeger, bij de grote schoolvakantie en eindeloos spelen op straat. Dan riep een kind opeens, na het spoorzoeken, rolschaatsen, of stoepranden: 'mijn moeder zegt dat we naar de duinen gaan! En jullie mogen mee!' Onmiddellijk grepen we fietsen en emmers en schuimden een half uur later, tussen Spartelmeer en Koevlak, de struiken af. Paarse monden, 'bloed' aan je handen en schrammen overal.

Engelsen verzamelen nooit bramen na St. Michael (29 september) en Ieren nooit na Halloween (31 oktober), omdat duivelse geesten er dan op hebben gespuugd (of geplast) en ze gevaarlijk voor je zijn. Hoe dat in Wales zat weet ik niet, maar toen ik hoog in Snowdonia eens een cottage huurde aan een pelgrimspad, midden tussen schapen en muren van braam, kon ik het plukken niet laten. Ook al was het begin oktober. Plotseling stak er een quasi-streng hoofd boven de heg uit: 'Are you stealing my blackberries?!' De vondst mocht ik houden, en ik maakte er jam van, maar die was zozo. Want bramen moet je plukken wanneer de zon fel schijnt en de hommels zoemen. Als er zo'n lome, bijna muntachtige geur om de struiken hangt en de vruchten zacht als moerbeien in je handen vallen. Moerbeien, zoals ik ooit at in de tuin van Virginia Woolf.

Ouderwetse bramenjam (V/Vegan)

1 kg wilde, gewassen bramen, met enkele onrijpe
750 g (riet)suiker
sap van 1 citroen

Kook de bramen op tamelijk hoog vuur met aanhangend water in tot tweederde van het volume. (Ze laten snel hun sappen los maar pas op voor aanbranden.) Voeg suiker toe en laat die al roerend oplossen. Voeg citroensap toe en kook de jam onafgedekt 8-10 min. Schep in brandschone potten en sluit die af met cellofaan en elastiek.

Gegrilde courgettes, naast saffloerrijst (V/Vegan)

8 pasgeplukte kleine courgettes
olijfolie om te bakken
versgemalen zeezout en zwarte peper
balsamicoazijn
olijfolie extra vergine
enkele topjes rozemarijn
2-3 teentjes knoflook, gepeld, in rechte staafjes gesneden

Snijd de courgettes in repen van maximaal $1/2$ cm. Verhit de grillpan en verhit er daarna de olie in. Gril de repen om en om tot ze een zebrapatroon krijgen. Schik ze mooi tegen elkaar aan, of net overlappend, op twee grote schalen. Bestrooi ze (bescheiden) met zout en peper, bedrup ze met balsamicoazijn en olijfolie e.v. en steek de rozemarijntopjes en knoflookstaafjes er links en rechts tussen. Laat helemaal afkoelen.

Serveren: als onderdeel van antipasti, of naast rijst waarin 10 saffloerdraadjes meekookten (voor een gouden gloed). Gegrilde lamskoteletjes zijn er heerlijk bij.

van het land

Minestrone van zomergroenten, met basilicumolie (V/Vegan)

Een klassiek Italiaanse soep. Slechts olie, zout en water kwamen niet van eigen erf. Bestemd voor een groot gezelschap: er zitten 12 porties in. Invriezen kan, maar direct serveren en opeten is lekkerder: dan proef je de afzonderlijke smaken!

Voor de basilicumolie:
hele zachte olijfolie extra vergine
4 basilicumtakjes (Genovese) of 8 takjes Griekse

Voor de soep:
olijfolie
8 zomerworteltjes, in schijfjes
2 grote rode uien, in halve ringen
6 grote of 8 kleine knoflookteentjes, grof gehakt
10 gedroogde tomaten, in stukjes geknipt
1½ kg sperziebonen, afgehaald, in stukjes van 2 cm
1 vergiet vol met ⅓ (blad)peterselie, ⅓ majoraan en ⅓ basilicum
6 rijpe tomaten of 12-16 trostomaatjes, grof gehakt
2 verse laurierblaadjes, ingescheurd
5 takken cavolo nero, grof gehakt
5 takken snijbiet, grof gehakt
handvol boragetoppen, grof gehakt
1 verse groene peper, fijn gehakt
1 el. zeezout

Om te garneren:
Basilicumolie
veel fijn geraspte oude schapenkaas
een handvol fijn gescheurde basilicumblaadjes
een handvol boragebloemen (komkommerkruid)

Vul een brandschoon jampotje met basilicum en olie en laat minimaal 1 week trekken op een lichte plek.
Verhit een laagje olie in een grote soeppan met stevige bodem en bak wortel en ui op halfhoog vuur, regelmatig omscheppend, tot ze nootbruin zijn (ca. 8 min.). Voeg knoflook en gedroogde tomaten toe en bak 2 min. mee. Voeg boontjes t/m peper toe, giet er zoveel water bij tot de groenten net onder staan, sluit de pan en breng de soep snel aan de kook; draai het vuur dan lager. Voeg zout toe. Controleer op gaarheid na 12 min.: de boontjes moeten nét gaar zijn.
Serveren: schep in mooie (witte) borden, giet er een straaltje basilicumolie in en garneer achtereenvolgens met kaas, basilicum en borage.

augustus

Garnalen 'gezet' in geklaarde boter, met zeekraal

'Gezette' garnaaltjes kun je, mits koud bewaard, minstens een week goed houden. Mooie entree van een picknick of vismaal.

225 g roomboter
6 el. citroensap
½ tl. gemalen foelie
snufje kruidnagelpoeder
1 knoflookteen, zeer fijn gehakt
1 tl. tomatenpuree
flinke snuf selderijzout
scheutje rode Tabasco
200 g gepelde, gekookte garnaaltjes (van het wad)
4 handenvol zeekraal

Smelt de boter op laag vuur in een steelpan. Bekleed een fijne puntzeef met een stuk neteldoek, giet de boter er voorzichtig door en let op dat de vaste deeltjes niet meekomen. Doe de garnalen in een grote kom. Meng het citroensap met foelie t/m Tabasco en giet dat bij de garnalen. Schep dit goed om en verdeel de garnalen over 4 souffléschaaltjes. Giet er een scheutje gekruid citroensap over en overgiet zorgvuldig met de hete, geklaarde boter. Laat de schaaltjes helemaal afkoelen, zet ze afgedekt 12 uur in de koelkast.
Serveren: haal 30 min. voor gebruik uit de koelkast en serveer met warme toast. Erbij: ongewassen, 2 min. in boter met knoflook gestoofde zeekraal en koele rioja rosé.

Komkommersalade met jonge uitjes en haring

2 kleine komkommers, geel en/of groen
evenveel volume bosuitjes, het wit en groen gehakt
evenveel volume koude, gare gerst of basmatirijst
citroensap, zout en witte peper naar smaak
2 el. fijngeknipte dilletoppen of venkelveertjes
4 zoute nieuwe haringen, in stukjes
4 grote bladeren bindsla
boragebloemetjes, wit en/of blauw

Snijd de komkommers in mooie blokjes en meng ze met bosuitjes of jonge sjalotten t/m nieuwe haringen. Lepel de salade in de bindslabladeren en strooi er boragebloemetjes over.
Serveren: direct.

van het land

Zelfgemaakt selderijzout (V/Vegan)

selderijzaad, zelfgewonnen (of gekocht)
evenveel grof zeezout
meer grof zeezout plus grof gemalen zwarte peper
enkele rijstkorrels

Vijzel selderijzaad en een gelijke hoeveelheid grof zeezout. Voeg meer zout toe en wat peper naar smaak, plus rijstkorrels (om het zout droog te houden). Bewaar afgesloten.
Serveren: lekker over omeletten, Bloody Mary's en 'gezette' garnaaltjes.

Rijpe bramen met wilde rozenblaadjes (V/Vegan)

1 kg rijpe bramen
honing of appelbessendiksap, naar smaak
scheut crème de cassis
1 kopje bloemblaadjes van geurige rozen (zoals de algemene wilde roos/hondsroos)

Knip het (bittere) witte deel uit de rozenblaadjes. Leg de bramen in een schaal, zoet ze, besprenkel met crème de cassis en schep ze om met de helft van de rozenblaadjes. Laat minstens 1 uur intrekken.
Serveren: op kamertemperatuur, bestrooid met resterende blaadjes. Lekker bij citroencake, ijs, of dikke yoghurt.

Bramenapppelkruimeltaart met hazelnoten (V/Vegan)

500 g rijpe, wilde bramen
150 g (moes)appels, geschild, klokhuis eruit, geraspt
4 el. bramenjam
1 el. citroensap
ca. 75 g rietsuiker of 50 g honing
1 tl. gemalen kaneel
25 g gekonfijte, fijngehakte angelica (engelwortel)*
75 g hele hazelnoten
175 g bloem
125 g ijskoude boter of margarine, in dobbelsteentjes
50 g rietsuiker of ca. 30 g honing
wat citroenrasp

*of vervang door wat gesnipperde, verse angelicastengel of gember met wat citroensap

Verwarm de oven voor op 200 °C. Schep bramen t/m angelica dooreen en stort in een goed beboterde quichevorm. Maal de hazelnoten tot fijn kruim en meng met bloem en boter; meng kort door tot het stadium 'broodkruimels'. Roer suiker/honing en citroenrasp erdoor. Bedek de bramen met het kruimeldeeg, druk het licht aan. Bak de taart 25 min. op 200 °C en ca. 15 min. verder op 190 °C. Laat afkoelen op een rek.
Serveren: bij thee van verveine (citroenverbena of *Lippia citriodora*).

augustus 115

Actie in augustus en september

AUGUSTUS

Peterselie langer goed houden lukt dikwijls door enkele jonge planten nu tot op de grond af te knippen (gebruik dat loof in de soep) en de planten te bedekken met 1 cm droge, gezeefde aarde. De plant loopt snel weer uit en zal volgende lente niet in het zaad schieten. **Sperzie- en snijbonen:** bij de pluk voorzichtig zijn, anders trekt u, vooral uit natte aarde, de hele plant mee. Stop dikke bonen in stukjes in de soep of weck ze, laat hele dikke bonen doorrijpen en droog ze (achter glas, in de zon) voor stoofpotten of zaad voor volgend jaar!
Appels: pluk de vruchten pas als ze gemakkelijk van hun de tak af te draaien zijn, zonder kracht te zetten. Zorg ervoor dat rottend fruit wordt opgeruimd, dat beperkt plagen en ziektes. (Niet voor niets werden ganzen vroeger in deze maanden in de boomgaard gehoed.) Haal vooral ook aangetast blad weg en verbrand het.
Pompoenplanten kunt u voor de laatste keer dunnen: alle eerder gemiste kleine vruchten eruit halen. Een rijpende pompoen krijgt een kurkachtig steeltje en een doffe(re) glans. Wacht met oogsten zolang als kan, maar oogst voor nachtvorst of verpletterende regens arriveren. Snijd 10 cm van de steel mee, om rot tegen te gaan en leg ze in een droge, koele, geventileerde ruimte.
Late groenten zaaien tot ca. 20 augustus: vergeten in juli? Radijs, kropsla en spinazie, veldsla, zelfs venkel kan nog! Winterpostelein gedijt het beste in zanderige aarde, in een warme tuinhoek, in een platte bak of in de kas. Zaai sla voor late herfst en winter in ruime potten, zodat ze bij grotere kou gemakkelijk kunnen worden verhuisd naar koude bak of kas of binnenshuis.
Bramen: pluk wilde vruchten niet lager dan 1,25 m als u huiverig bent voor ziektekiemen die de vos (ook een brameneter!) via urine op de struiken kan achterlaten. Leg bramen met wurmpjes eerst 20 min. in een bak gezouten water en spoel ze na.

SEPTEMBER

Droogbonen: als de peulen al rijp en geel zijn oogst dan de hele plant: knip hem net boven de grond af (dan blijven de wortels met stikstofbolletjes achter, als humus) en leg de bonen binnen achter glas om te drogen. Als ze ritselend droog zijn mogen de binnenboontjes eruit. Haal bij (aanhoudend) vochtig en koud weer de binnenboontjes direct uit de (soms doorweekte, schimmelende) peulen en laat ze drogen. De peulen kunnen op de composthoop, of, mits kurkdroog, in de houtkachel.
Steek de laatste uien op en laat ze snel **drogen.**
Steek **late aardappels** op bij droog en winderig weer en laat ze die dag uitgespreid op de grond drogen. Verwijder aarde en sla ze op in jute of stevige papieren zakken, bind die dicht en bewaar ze in een koele, vorstvrije omgeving. 10-15 °C is een prima bewaartemperatuur – het maakt de schil harder. Na 2-3 weken is duisternis bij 5-10 °C ideaal. Haal ook **late wortelen, bieten en koolraap** binnen. Hak het loof eraf op 3-5cm boven de vrucht en bewaar de groenten in kisten met zand. Telkens een laag groente, dan zand, dan groente, eindig met zand. Zorg dat elk stuk groente door zand is omhuld.
(Laat pastinaken zitten, die smaken beter met de vorst erover.)
Tomaten-met-een-barstje duiden op te plotseling te veel water gegeven. Haal ze direct weg en maak er saus van. Groene tomaten worden rood door de hele plant uit te graven en omgekeerd in de kas te hangen. Of leg de planten op een bed van stro en zet cloches over de vruchten: zo rijpen ze door. Of pluk groene tomaten en leg ze in een droge, donkere la.

van het land

Begin **groenbemesters** in te zaaien in leeggekomen, schoongemaakte bedden (zie ook Annex II) maar let op wisselteelt (zie Annex I). Een *tegendraadse* visie: als u twee oogsten in één seizoen uit een bed haalt kunt u een groenbemester uit een bepaalde familie inzaaien juist direct *na* vruchten uit die familie. Bijvoorbeeld mosterdzaad (koolfamilie) direct na kool, paksoi of radijs. Zo manifesteren eventuele problemen zich in de groenbemester en niet in het gewas zelf. **Kardoenen blancheren en bereiden:** kardoenen (zusje van de artisjok) bloeien in hun tweede jaar (het is een bijenplant en distelvinkjes zijn gek op de zaden). Ze willen diepe, rijke, vochtige grond. Regelmatig brandnetelgier geeft sterke, glanzende bladeren. Kardoenen teel je voor de stelen, die mits geblancheerd, naar artisjokken smaken. Wacht op een zonnige september- of oktobermiddag. De stelen moeten helemaal droog zijn. Verwijder aangetaste stelen. Bind de kardoenen met stevig touw op drie plaatsen samen, geef ze een stevige stok (tegen omwaaien) of aard ze na het binden aan, 45 cm hoog. Bind er eventueel ook stevig karton omheen. Er mogen wat topbladeren uitsteken. (Of plaats er mooie terracotta blancheerpotten over, laat het dekseltje eraf.) Wacht drie tot vier weken en oogst de stelen. Nog beter is het blancheren getrapt te doen, dan oogst u de laatste stelen met Kerst voor een Provençaals maal van kardoen met ansjovis, gegaard in béchamelsaus, onder een broodkruimkorstje gegratineerd. Bereiding: hak de sappigste stelen in stukjes en werp ze direct in water met citroensap, tegen verkleuren. Kook ze in water met een handje bloem en citroensap.

Peren rijpen na appels. Plukken gaat hetzelfde: met beleid en pas als de vrucht gemakkelijk loslaat. Narijpen binnen is soms noodzakelijk voor dat perfecte peermoment. Geef late peren echt de tijd aan de boom te rijpen.

augustus

ANNEX II
Zaaien, wissel- en combinatieteelt

Zaaischema
In dit eenvoudige schema noem ik gewassen die ik zelf goed ken of leer kennen, en ga ik uit van zaaien in de volle grond. Het zaaitijdstip is afhankelijk van weer en tuinligging, maar het gros van de gewassen wenst een minimale nachttemperatuur van 5 °C. Voorzaaien in warme ruimtes kan altijd – binnen, of in de koude kas of bak of onder doorzichtige cloches. Afharden (geleidelijk aan buitentemperaturen laten wennen) van warm voorgezaaide planten is noodzakelijk. Zaai 'getrapt' over enkele weken voor risicospreiding en meer oogst. Na opkomst van het zaaigoed moet u het verspenen (overbrengen naar ruimere plekken, buiten, of in grotere potten), ofwel dunnen of uitplanten. Zie hiertoe ook instructies op zaadzakjes!

Januari: spinazie, knoflook, raapsteeltjes, tuinbonen. **Februari:** tuinbonen, nog meer spinazie, peterselie, selderie. **Maart:** tuinbonen. Vanaf **17 maart:** eerste vroege aardappels, alvast enkele erwtjes, snijbiet. **April:** vroege aardappels, vroege worteltjes, kolen, radijs, prei, sjalotjes, uien, peultjes, erwtjes, kapucijners, snijbiet, gewone bietjes, late spinazie. **Mei** (begin): komkommers, allerlaatste spinazie, tweede reeks kapucijners, snijbiet, tuinbonen, latere aardappels, pastinaken. **Na 15 mei:** worteltjes, rabarber, nog wat kolen, witlof, courgettes, postelein, artisjokken, kardoenen, pompoenen, tomaten, maïs, alle stam- en stokbonen, topinamboer, waterkers, groenbemesters (boekweit) en bloemen voor wissel- combinatieteelt of naoogst, zonminnende kruiden. **Juni, voor de 23e:** late soorten sperziebonen, snijbonen en sla. **Na de 23e:** andijvie, paksoi, doorgroeiende sla. **Juli:** andijvie, veldsla, groenbemesters (phacaelia, veldbonen). **Augustus:** (1e helft), andijvie, veldsla, winterpostelein, snijbiet. **September:** nog meer groenbemesters (alfalfa, raaigras, wintertarwe, winterrogge), peterselie en selderie. **Oktober:** fruit (struik of boom), heesters met eetbare vruchten, knoflook, overwinterende sjalotjes, bieslook (oude planten scheuren, het hart weggooien). **November en december:** bloembollen (geurende narcissen onder fruitbomen), fruitbomen of -struiken, heesters met eetbare vruchten, knoflook, overwinterende sjalotjes, en, gokje!, overwinterende tuinbonen (in een beschut bed).

Wisselteelt
Dit is de stoelendans van de gewassen... allemaal een plaatsje opschuiven! Wisselteelt is bedoeld om de bodem niet uit te putten en ziekten te voorkomen. Door planten in een bed door te schuiven wordt telkens iets anders van de aarde gevraagd, kunnen ziektekiemen niet postvatten en voegen nieuwe planten zelfs voeding toe. Dikwijls kun je al in één jaar wisselen. Bijvoorbeeld door na vroege spinazie aardappels in het bed te poten en daarna de aardbeien te planten. Of na tuinbonen het bed te vullen met boerenkoolplantjes.

5 gouden basistips:
A. Houd minimaal een vierslag aan van groentegroepen die jaarlijks een bed opschuiven: kool / wortel / vrucht / blad*.
B. Beter is een vijfslag (peulvruchten tellen nu apart mee), een zesslag (aardappels ook) of zelfs de Bijbelse zevenslag...
C. ...waarin het bed een jaartje vrijaf krijgt. Het wordt ingezaaid met neutrale groenbemesters (zie Annex III) of bloemen.
D. Let op witlof, worteltjes, pastinaken en peulvruchten die een compostrijk, maar *onbemest* bed wensen.
E. Overweeg (eenjarige) bloemen als teelt in de zevenslag en, temidden van groenten, als brengers van meer biodiversiteit en insectenleven: bol-, knol- en wortelgewassen, vaste planten, een- en tweejarigen, heesters. Veel kan, van dahlia tot vergeet-me-niet!

Hanteer de zevenslag in deze volgorde: 1. koolgewassen, 2. wortelgewassen, 3. groenbemester/bloemen, 4.vruchtgewassen, 5. bladgewassen, 6. aardappels, 7. peulvruchten (en terug naar kool).
NB: groenbemesters kunnen ook op andere posities worden gezaaid, maar bedenk dat de volgorde eerst-peulvruchten-dan-kool erg goed werkt. Mocht het u beter uitkomen voor de kolen uit groenbemesters te zaaien, neem dan een soort uit de peulvruchtenfamilie (de vlinderbloemigen) die stikstof biedt, zoals alfalfa.

* Over wat een blad- of wortelgewas is bestaan verschillende meningen. Sommigen zien knolselderij en rucola als bladgewassen, terwijl knolselderij voor mij eerder een wortelgewas is (met name groeiend **in** de aarde) en rucola eigenlijk lid is van de koolfamilie... Dus waar breng je ze nu onder? Ik deel het zo in:
1. **Koolgewassen:** alle kolen, inclusief rucola, radijs, paksoi, mierikswortel, rettich, mosterd. Uit de familie der kruisbloemigen, dus.
2. **Bladgewassen:** alle slasoorten (minus rucola), spinazie, andijvie, groenlof en bladlof, kruiden, bleekselderij, snijbiet en witlof.
3. **Vruchtgewassen:** alle pompoenen, komkommers, augurken, aardbeien, kruiden voor zaadteelt.
4. **Wortelgewassen:** worteltjes, uien, prei, witlof, knolselderij, topinamboer, pastinaak, schorseneer, bietjes.
5. **Peulvruchten:** vlinderbloemigen als peultjes, erwtjes,

lathyrus (siererwt), kapucijners, tuinbonen, stok- en stambonen.
6. **Alle piepers.**
7. **Groenbemesters** en/of bloemen, zie Annex III!

Overwegingen bij wisselteelt
Bij het groeperen van gewassen in de wisselteelt (alle peulvruchten bijeen, kolen in één bed etc.) rijst de vraag: schep je zo geen monocultuurtjes? En ook: maak je de wisselteelt juist niet 'ongedaan' in de combinatieteelt (zie volgend stuk)? Mijn ervaring is dat de bedden te klein zijn voor echte monocultuur. En bij combinatieteelt (die monocultuur sowieso al doorbreekt) wordt altijd uitgegaan van een hoofdgewas dat steun krijgt van een kleiner gewas. En dat kleine gewas tel ik in de wisselplannen eenvoudig niet mee.

Combinatieteelt
In een perfecte wereld zet u gewassen bij elkaar die 'leuke buren' zijn, elkaar gunstig beïnvloeden. Dat scheelt in hun gezondheid en samen kunnen ze plagen het hoofd bieden (plagen die op den duur minder zullen voorkomen). Zet deze buren zo dicht mogelijk bijeen, in enkelvoudige rijen, of omring een bed: geef bijvoorbeeld het wortelbed een cordon van uien. Sommige dieren (koolwitjes!) herkennen het signalement van de plant. Dan helpt het om ze te verwarren met bloemen, of met enkele hoge bonen ertussen.

Behalve leuke buren heb je ook vervelende buren, die vooral niet naast elkaar moeten komen! Het zijn gewassen die voor dezelfde ziekten gevoelig zijn, of elkaar beperken in groei. Gebruik dan neutrale gewassen of eenjarige bloemen als barrières. Of verzin een list: tomaten, bijvoorbeeld, mogen niet naast aardappels omdat ze allebei vatbaar zijn voor de aardappelziekte; daarnaast zijn er nog veel meer planten die tomaten liever niet als buur hebben, uitgezonderd asperges! Dus zet ik enkele tomatenplanten naast de asperges en houd de andere tomaten in de kas. Daar groeien ze samen met basilicum (en die twee zijn dol op elkaar).

Leuke buren:
Aardappels met maïs, vlas, goudsbloem, sjalotjes en mierikswortel
Artisjokken met courgettes en Oost-Indische kers
Asperges met tomaten
Bietjes met uien
Bonen (stokbonen) met maïs en pompoenen
Bonen (stambonen) met sla
Broccoli met kervel
Courgettes met venkel en (ander bed) met maïs en pompoenen
Doperwtjes met munt
Kolen met sterk geurende kruiden (basilicum, hysop, munt, salie, valeriaan, verveine etc.)
Maïs met (kruipende) komkommers (aan de rand)
Rabarber met engelwortel
Sla is een allemansvriend!
Snijbiet met (veel) knoflook, prei of ui
Sjalotjes met worteltjes, pastinaak of (omringd door) peterselie
Spinazie met knoflook of tussen aardappelrijen
Tomaten met worteltjes, knoflook, basilicum, majoraan en peterselie
Tuinbonen met bonenkruid, dille, Oost-Indische kers
Uien/sjalotten met worteltjes en viooltjes
Venkel met courgettes of sla
Worteltjes omringd door uien, sjalotten of tomaten

Geen leuke buren:
Aardappels met tomaten
Aardappels met pompoenen
Bonen met uien
Erwten met uien
Komkommer met salie
Koolraap met aardappels
Maïs met tomaten
Spinazie met bonen (niet ervoor en niet erna)
Venkel met tomaten
Worteltjes met dille

Nuttige gewassen, compostgewassen en naoogst
Nuttige planten: Goudsbloem (*Calendula officinalis*), overal in de tuin; kamille en kruiptijm, ook als 'pad' aangelegd, te preferen boven gras; sterk geurende narcissen en Oost-Indische kers, rond fruitbomen; viooltjes (o.a. als onkruidonderdrukker!); witlof, geteeld als bladlof (is een slakkenbarrière); bloeiende (insectentrekkende) pastinaken en andere schermbloemigen in boomgaard en aan moestuinranden. Zie ook Annex III.
'Compostplanten' zijn planten die in diepe lage nuttige mineralen (mangaan, koper, ijzer, fosfor) ophalen en in blad of bloem opslaan. Werk ze door de composthoop! De beste voorbeelden: smeerwortel (*Symphytum officinale*), brandnetel (zonder wortels), valeriaan, kamille, duizendblad en borage (ook als stikstofrijke gier te gebruiken voor pompoenen, meloenen, courgettes).
Mogelijke naoogsten, in alle bedden: nuttige bloemen (goudsbloemen, kamille, afrikanen) of korte bladoogsten, zoals slasoorten, andijvie, winterpostelein. Of een neutrale groenbemester die lang meekan in het seizoen (winterrogge).

'All is safely gathered in'

('Alles is veilig binnengehaald')
Barclay James Harvest / Dr. Henry Alford, (1810-1871)

Zonnebloemen als gouden tuindouches • pompompompompom! Ja, dat krijg je van pompoenen! • het leasecontract van de bijen loopt af • de oogstmaan schijnt rond en rood • overwinterende ganzen arriveren • de 'vendange': druiven!

september

[herfstmaand / harvest moon]

De seizoenen zijn net twee passerende liften in een warenhuis: de zomer zakt weg, de herfst komt op, met bijna vergeten koelte, noordenwind en plensbuien. En ik wil er niet aan, maar de zon staat inmiddels flink scheluw, zoals een timmerman zegt. De wende is ingezet. 'Vanaf nu gaat alles zakken' roept een volkstuinierende vriendin dan. De natuur geeft signalen: reizend door Ierland in september zag ik eens een onvoorstelbare grote rode maan hangen boven de haven van Cork. Typisch Ierse magie? Nee. Ook op het Groninger platteland verrijst de maan even laag en rond, omstreeks de herfstequinox. Dat extra rode en bolle heeft te maken met de schuine posities van zon, aarde en maan, rond 23 september; zo lijkt de volle maan die omstreeks die datum verrijst op een immense perzik. Ook is de tijdspanne tussen zonsondergang en de maanopkomst nu extra kort. Men zei wel: 'die grote, verlichtende maan helpt de boer dóór te werken en zijn oogst nog binnen te brengen.' Vandaar oogstmaan, *harvest moon*. En die hangt op een avond boven de ganzenstal als ik de dieren naar binnen leid, tegen negenen; de Gele Centenaren, maïskleurige pompoenen in de moestuin, reflecteren dat licht. Nevel hangt boven het gerooide aardappelveld van de buurboer en een vleermuis schiet door de blauwe avond als ik de kippen opstal en de schuur sluit.

Over Sissinghurst, Caran d'Ache en 'it Giele Wâldbeantsje'

De *harvest moon* schijnt dan wel, maar binnen moeten de lampen vroeg aan. Ik lees opnieuw over Sissinghurst, glorieuze erfenis van Harold Nicolson en Vita Sackville-West (waar ik een eeuwige liefde voor de Gelderse roos opdeed). Ofschoon Vita als kind op ouderlijk, adellijk Knole al een moestuintje had en er tuinkers zaaide (uiteraard in een 'V'), kwam haar legendarische botanische kennis pas met de jaren, culminerend op Sissinghurst. Ze etaleerde die kennis speels in haar trouw volgehouden tuinrubriek in *The Observer*. Ik herinner me een scène uit de tv-serie 'Portrait of a marriage' over hun onorthodox huwelijk. Diplomaat Harold komt thuis na een werkweek in Londen. Met beginnend tuinier Vita, die hij altijd 'Mar' noemt, wandelt hij door de tuin van hun eerste woning, Long Barn. Ze genieten. Harold wijst naar een plant en vraagt Vita: 'Hoe heet die?' 'Oh, geen idee!' is haar blijmoedige reactie. 'Labels, Mar, labels!' klinkt het dan mild bestraffend.

van het land

Het nut van labeltjes, naambordjes en zakjes-aan-stokjes.

Het werd in mijn kring een gevleugelde uitdrukking, want labels, naambordjes en zaadzakjes-aan-een-stokje-geprikt zijn belangrijk als je bloem en gewas correct wilt traceren. Het moet geen wildgroei worden aan documentatie (we zijn de Hortus niet), maar ik was op een septemberdag als een kind zo blij dat ik in de lente nog snel een bordje prikte bij de 'Groninger strogele boon' en 'it Giele Wâldbeantsje' oftewel de Friese Woudboon. Je argumenteert tijdens het zaaien dan wel met jezelf, 'Een bordje? Misschien handig, want die Friese boon lijkt verdacht veel op die Groninger... Ach, ik weet straks heus nog welke soort dit is!' Nog geen vier weken later, als de hartvormige bladeren rond je knieën ritselen moet je bij de vraag van vrienden: 'Welke boon is dat nou?' een Vita-antwoord geven: 'Oh, geen idee.' Kortom: 'Labels, Mar, labels!'

Zeker in deze tweede seizoenshelft, op de scheiding van late zomeroogst, vroege herfstgroenten en uitdijende wintergewassen, is het enorm verstandig om alles (alsnog) een naam te geven. Is het niet in de tuin zelve, dan in een notitieboek. Wat stond waar, wat komt er straks? Ik grijp naar pen, tuinboek en die gebutste doos Caran d'Ache-kleurpotloden, nog gekregen van mijn grootvader. Tijd om te noteren. Het is belangrijk. Voor nu, als herinnering, voor de wisselplannen en voor later. Want een tuinder denkt altijd vooruit!

Twintigduizend dieren verlaten mijn tuin...

De leasebijen vertrekken. Nooit gedacht dat ik duizenden insecten zou missen, maar het is zo. Het volk dat op mijn verzoek in mei in onze wilde bloemenwei kwam logeren, is opgehaald door imker J. Hij gaat de honing slingeren en de bijen inwinteren, zoals dat in vaktaal heet. Terug op honk staan de kasten naast elkaar, in een schuur, oftewel de bijenstand. Op mooie dagen, warmer dan 12 °C, vliegen ze nog een rondje en poepen zich dan schoon, maar zodra het werkelijk koud wordt sluimeren ze samenklittend 'op tros', als een warme bijenbal. In deze rustperiode mogen ze een deel van hun honing houden en krijgen er speciale

september

124 *van het land*

suikersiroop bij, om de lente te halen. Niet alle bijen overleven de rit, maar overblijvende winterbijen vormen straks de jonge generatie die klaarstaat voor de Grote Honingtaak.

De groenwitte bijenkast met het gele vliegplankje was een sieraad in de klaver en een krachtcentrale tegelijk. Wanneer ik 's ochtends vroeg de bijen zag uitvliegen, zoals recent nog naar zonnebloem en guldenroede, een broek van stuifmeel hangend aan de achterpootjes, waren zij hét symbool van nijverheid. Ik genoot ervan. Soms kwam J. verkleed als astronaut klusjes verrichten, langzaam bewegend en mij geduldig onderrichtend: 'Kijk, dit is een dar, zie je wel, en nu plaats ik er een nieuwe honingkamer op.' En dan altijd die heerlijke melange, zwemmend in de lucht, van bijenwas en pijptabak.

Bij het weghalen van de bijen belooft J. mij volgend voorjaar opnieuw een huurkast te plaatsen. Direct klaar ik op. Ondanks een matige zomer met kou op het verkeerde moment is hij tevreden over de geslingerde en gerijpte honing ('erg goede kwaliteit'). Op een zondagmorgen stel ik mijn ontbijt uit, haal tien potten 'eigen' leasehoning bij hem op, zet sterke koffie, rooster een boterham en besmeer die met de zonnige, hazelnootkleurige crème. Een fantastische smaak proef ik: zuiver, met een prachtig zoetpalet, fris en breed tegelijk. Ik voel me als Winnie the Pooh, met zijn rij potten op die boomstam, veilig naast zich. *Isn't it funny how a bear likes honey...*

Met de bijen terug in hun stand, de zwaluwen en route en kilo's zomergroenten in de vriezer is het tijd om hier en daar wat in te maken. Frans auteur Anne-Marie Koenig noteert in haar *Dagboek van een tuin* hoe het geduldig bereiden van conserven voor haar de kinderlijke droomvoorstelling vormt van een zelfvoorzienend leven. 'Net zoals het planten van een boom is het wecken van augurken een van de meest religieuze handelingen die er bestaan.' Ik gooi wat groenten in het zuur, maak pastasauzen en soepen. In de koude kas oogst ik tomaten en blauwe druiven – klein, maar intens zoet, de vendange is vroeg dit jaar! – en in de moestuin maken de pompoenen 'kurken steeltjes' aan, teken dat hun voltooiing nadert. De jonge wintergroenten nemen een spurt, elke zonnestraal wordt opgezogen en wanneer ik veertjes venkel uitzet slaan ze vlot aan in nog behaaglijk warme aarde. Paksoi, veldsla en winterpostelein en de tweede generatie andijvie zijn begin augustus gezaaid en schieten op. Ik reken ferm op ze voor de herfst- en winterkost, naast pluklof, prei, een peentje hier en daar, snijbiet en mijn mooie Vaste Koolcollectie natuurlijk.

Hongerige wolven

Waar een groentebed weinig eisende gewassen voortbracht zaai ik veldsla in en waar bedden twee oogsten gaven (of een veeleisende klant te torsen hadden) schoffel ik duchtig en strooi groenbemesters: mosterdzaad, bijvoorbeeld, boekweit, alfalfa, of diep wortelende winterrogge in het nieuw ontgonnen bed van dichte zeeklei, en phacaelia in andere stukken. Op de geschoonde plekken waar volgend jaar hongerige wolven komen (prei, kolen en toch ook aardappels) stort ik ganzenmest, rechtstreeks uit de wei geschept of uit de stal gekruid; dan is hij vermengd met gehakseld vlas. Dat geeft structuur aan de klei die anders gemakkelijk dichtslaat. (Echt, daar kun je kandelaars van kneden).

Dahlia's zijn de bonte was van de tuin.

Juist in september ben ik blij met dahlia's, om hun kleur als de bonte was (ik heb roodgele, paarswitte en purperen) en omdat ze nu eenmaal horen in een moestuin. Nooit gedacht dat het 'd.-virus' zou overslaan, maar mijn vader had vroeger een magnifieke dahliatuin van pakweg 70 vierkante meter. Die stond tjokvol met elke denkbare soort en al die kleuren moeten zich hebben vastgezet op mijn netvlies, voor later. Voor nu dus.
De bloemen zijn Mexicaans van origine, maar genoemd naar hun ontdekker, of beter, naar de man die ze populariseerde, Andreas Dahl, leerling

september

van Linnaeus. In mijn tijd als natuurvoedingswinkelier kreeg ik eens zakken vol knollen uit Terschelling, daar als biologische wisselteelt gebruikt. Zongele dahlia's die ik in even zongele houten kisten, gevuld met compost, schuins in de etalage zette. Een sprankelende show werd het, al in juni, vervroegd door de kaswerking van de winkelruit.

In zachte winters laat ik de knollen gewoon in de grond. Ik wacht tot het loof snot wordt, haal het weg en stort er stro of vlasmaaisel over, met een laag compost. Bij strenge(re) vorst hoog ik de boel op. Eerdere ervaringen van opgraven, laten drogen, in kranten wikkelen en droog, maar niet beendroog, bewaren (toch de juiste handeling, begreep ik van een dahliakenner) werkten bij mij averechts.

Gelukkig is er een dahliagekke kunstenares in het buurdorp die elk voorjaar komt aanfietsen met een mand vol. ('Geen idee welke soort het is, maar deze zijn roze!') Ik zet ze tussen snijbiet, achter wilde afrikanen en voor de maïs. Dorre bloemen knip ik altijd keurig weg, maar leerde pas dit seizoen van mijn tuinheld Monty Don dat puntige knoppen uitgebloeide zijn en ronde nog bloemen vormen…

Een zeven plus is ook hartstikke mooi!

Niet alles lukt in een tuin. Als je op honderd procent oogst rekent praat je jezelf een knaap van een depressie aan. Zeker in een biologische tuin die nog in het stadium van ontginning en ontwikkeling verkeert is een zeventje super. Ik bedoel, ik kan wel

van het land

hopen op veel wintergroenten, maar dat wordt nog een race tegen de klok want ik was glad vergeten prei te zaaien, in april. Pas half juni – vergenoegd achterover leunend ('zo, alles zit erin!') – schoot ik overeind toen mijn partner vroeg: 'Al, klopt het dat ik helemaal geen prei zie?'
Ook elders rijgen de eclatante successen zich niet vanzelfsprekend aaneen. Onze kersenbomen staan in een hoge houtwal met ondoordringbare bramen ervoor. Hun kruinen steken er bovenuit en we genieten intens van de bloesem, maar daarna hebben de 'sprutters' (spreeuwen) lachend het alleenrecht. De walnoot begint pas aan zijn derde seizoen en het duurt nog gemakkelijk *tien* jaar voor ik kan oogsten, de appels komen na vier jaar langzaam op stoom en dat betekent nu twaalf Groninger Kronen in plaats van niks en vijf Santana's na aanvankelijk nul (al vijf! Wow!). De oude pruimenbomen – toch perfect gesnoeid – bloeien waanzinnig maar creëren hooguit drie vruchten ... die dan wel magistraal smaken! Dus voor die ene smaaksensatie mogen zij blijven.
De nieuwe hazelnootstruiken zijn nog niet groter dan een kabouter en de kweepeer doet het überhaupt niet. Dit najaar krijgt hij, de zo gekoesterde *Cydonia oblonga*, veel rijpe mest als mulchlaag om de winter in te gaan, en om vocht vast te houden. Want dat is wat hij wil.

Toch stromen keuken, kelder en deel vol: met zelfplukpruimen uit de buurt, met gekregen appels, kweeën en noten van vrienden, en met eigen septemberoogst, zoals uien, piepers, bietjes, pompoenen, en bonen. Ach mijn bonen, mijn orka's en al die andere! Wat een cadeautjes, na maanden mag ik ze eindelijk uit de gedroogde peulen pakken, en bewonderen. De roodbruine pronkboon 'Painted Lady' – (net een tinker- of indianenpaard) en mijn dierbare kievietsbonen volgen, als laatste. Hun vuurrode peulen haal ik van de rekken zodra het blad verkleurt naar maïsgeel: met die tinten lijkt het net of er hoog oplaaiende vuurtjes branden. Na het binnenhalen der kievietsbonen ontstaat er enige kaalslag. En met de geur van het eerste herfstvuur in de houtkachel komt er helemaal een najaarsgevoel over me, in een tuin die gestaag inzakt, met dunner gebladerte in het bos en ijle, koele lucht waar schaduw heerst. Dit is de maand van 's morgens dikke sokken aan, 's middags puffen in sandalen en 's avonds weer die sokken. Het is óók de maand om een 'kwarrende' groente (kwijnend, in mooi Gronings) te helpen met cloches, zoals glazen Victorian Bells. Even wat mest en water aan de voet, een Bell erover en hopla, na enkele dagen zie je dat paksoitje opleven.
De herfst mag dan wel in aantocht zijn, ik ben gek op het verlengen van dit seizoen, van deze geweldige, gouden maand.

september

Kievietsbonen (V/Vegan)

Mijn oogst kievietsbonen wordt gecelebreerd met een maaltje pure bonen, kort gekookt. Ah, die smaak! Net tamme kastanjes!

1 kg verse kievietsbonen (dat is ca. 400 g netto gedopt gewicht) (of 200 g gedroogde, 6 uur geweekt en in 45-60 min gegaard)
klontje boter of olie
2 el. olijfolie extra vergine
12 salieblaadjes
1 hele salietak, om te garneren

Breng de gedopte bonen afgesloten aan de kook in een bodempje water met boter of olie. Draai het vuur zo laag mogelijk zodra ze koken en laat ze in 12-15 min. garen.
Serveren: in een mooi bord met salie en fluweelzachte olijfolie erover en brood ernaast.

Spelt uit de hooikist (V/Vegan)

Het pure oergraan dat weer populair werd smaakt notig. Gebruinde boter of notenolie verhogen dat aroma en peterselie en citroensap bieden frisheid.

250 g volkoren spelt (de hele korrel dus)
versgemalen zeezout
1 volle el. boter of 1-2 el. hazelnootolie
1 knoflookteen, fijngehakt
1 flinke bos (blad)peterselie, fijn gehakt
kneep citroensap

Was de spelt, stort in een pan met dikke bodem, begiet met water tot de korrels 1 cm onderstaan en breng afgesloten op hoog vuur aan de kook. Draai het vuur laag, laat 15 min. doorkoken. Voeg wat zout toe en zet de pan 1 uur in de hooikist. (Of kook de spelt nog 30 min. door; controleer het watergehalte regelmatig en vul zonodig bij met kokend water). De spelt moet beetgaar zijn. Giet zonodig af. Verwarm de boter tot hij hazelnootbruin ziet en roer door de spelt, met knoflook, peterselie en citroensap.
Serveren: direct. Erg lekker bij kievietsbonen, frisse komkommersla en rode uienmarmelade.

van het land

Rode uienmarmelade met vlierbessenwijn (V/Vegan)

2 el. olijfolie
50 g boter
5 grote rode uien, gepeld, in dunne ringen, en die gehalveerd
2 knoflooktenen, gepeld, fijn gehakt
versgemalen zout en peper naar smaak
250 ml vlierbessenwijn

Verhit de olie met de boter in een stevige koekenpan en fruit de uien omscheppend op halfhoog vuur in ca. 5 min. glazig. Voeg knoflook, zout en peper toe en fruit nog eens 5 min. Voeg dan de wijn toe en laat op heel laag vuur – onafgedekt – 30 min. inkoken. Pas op voor aanbranden maar roer zo min mogelijk. Schep de massa in een brandschone glazen pot en sluit. Bewaar minimaal 3 dagen op een koele plek om te rijpen.
Serveren: bij frittata van courgettes of puntjes tortilla. **Vegan:** vervang boter door margarine.

Geweckte pruimen (V/Vegan)

Wecken is weer helemaal terug, een kunst die overgaat van oma op kleindochter! Pruimen zijn perfecte inmaakvruchten.

Pruimen*
Rietsuiker of appeldiksap

*Niet al te rijpe pruimen zijn het beste, zonder enig plekje!

Halveer de pruimen desgewenst, of laat ze heel, en laat de pitten zitten, voor meer smaak. Doe ze in brandschone weckpotten en overgiet ze met een suikeroplossing: 500 g suiker op 1 liter water. Verwarm het water licht om de suiker te laten oplossen. Minder suiker kan ook. Zelf maak ik ze het liefst in half water half appeldiksap. Sluit de potten en zet ze in de weckketel. Weck ze 30 min. op 90 °C. Eenmaal afgekoeld: bewaar ze donker en koel.
Serveren: op kamertemperatuur of licht verwarmd; puur, op taarten, of naast camembert, kwark of ijs.

Basilicumtomatenketchup (V/Vegan)

1 kg rijpe tomaten
200 g sjalotten, of rode of blanke ui
100 g gedroogde abrikozen
2-3 knoflooktenen
6-8 takjes basilicum (takjes en blad)
150 ml druivensap (rood of wit)
1 afgestreken tl. zeezout
enkele slagen versgemalen zwarte peper
3 el. balsamicoazijn

Hak tomaten t/m basilicum fijn en breng in het druivensap aan de kook. Draai het vuur zeer laag en laat de massa onafgedekt – regelmatig roerend – 30 min. pruttelen. Maal fijn met de staafmixer, stort de massa desgewenst door een fijne zeef, breng opnieuw aan de kook, voeg zout t/m azijn toe en laat 30 min. onafgedekt inkoken, zeer regelmatig roerend! Proef of er nog meer zout of peper bij moet en giet de kokende massa in gesteriliseerde flessen of potjes. Donker bewaren (dan maanden houdbaar). Eenmaal geopend koud bewaren en binnen 1 week gebruiken.
Serveren: op een gebakken sandwich van stevig bruinbrood met oude kaas, door dressing voor sla van rauwe andijviereepjes of bij ovengeroosterde pompoen.

september

Ovengeroosterde pompoen met kruiden en hartige kaas (V)

1 flinke pompoen (Uchiki Kuri of butternut)
olijfolie extra vierge
versgemalen zeezout en zwarte peper
6 el. pompoenpitten
1-2 tl. geroosterd paprikapoeder
10 takjes (blad)peterselie
5 takjes selderij
1-2 takjes tijm
parmigiano reggiano, manchego of stokoude, regionale boerenkaas

Verwarm de oven op 180 °C. Verdeel de pompoen in schijven, laat de schil zitten maar verwijder het nestje pitten en draden. Wrijf de schijven aan weerszijden stevig in met zout en versgemalen zwarte peper, besprenkel met olijfolie en rooster op een bakplaat in de oven (na 12 min. kerend) tot de randjes bruin worden en het vruchtvlees gaar is. Intussen: rooster in een droge koekenpan wat pompoenpitten, tot ze bol staan en gaan springen. Bestrooi met een vleug zout en het paprikapoeder. Hak blaadjes van alle kruiden fijn en strooi met pompoenpitten en een gulle scheut olie over de schijven. Rasp er een fijne kaasberg over.

Serveren: bij verse, groene tagliatelle, begoten met olie en bestrooid met wat citroenrasp. Ook lekker met hardgebakken, verkruimeld spek en/of basilicumtomatenketchup.

Zwitserse uiensoep met tijm en druiven (V)

Rond het middaguur hoog in de Zwitserse Alpen? Dat betekent soep! Deze soep eert de ui, daar vaak op de dag van St.-Benedictus (21 maart) geplant, want: 'Benedikt macht Zwiebeln dick.'

2-4 el. olijfolie
300 g uien (blank of rood), fijn gesnipperd
3 el. (verse) tijmblaadjes
1 el. (vloeibare) honing
200 ml droge witte wijn (Zwitserse fendant of Spiezer)
300 ml groentebouillon
100 g druiven, wit en blauw gemengd
daarbij:
4 sneden stevig brood (bijv. zuurdesemspelt)
80 g Zwitserse gruyère (Greyezer), rijpe Appenzeller of belegen schapenkaas, in plakjes
1 el. olijfolie
versgemalen peper
1 el. fijngehakte tijm en bieslook
Schabziger (cilindertje groene Zwitserse kaas)

Verhit de olie in een stevige (soep)pan op getemperd vuur en fruit de uien – langzaam en af en toe omscheppend – tot ze goudbruin zien (voeg halverwege tijm toe). Draai het vuur hoog, voeg honing toe, giet de wijn erbij, roer goed en laat dit onafgedekt 5 min. pruttelen. Giet de bouillon erbij en laat 15 min. op een laag vuurtje koken. Intussen: verwarm de oven voor op 200 °C. Beleg het brood met de kaas, bedruip met olie en bestrooi met peper. Leg in de oven tot de kaas smelt. Bestrooi met de kruiden. Halveer de druiven, verwijder pitjes.
Serveren: schep de soep in kommen, doe de druiven erbij. Rasp er voor meer pit wat Schabziger over.

Gekruide appelmoes met appelwijn (V/Vegan)

1 kg moesappels (Bramley's Seedling, Rode Boskoop)
1 kaneelstokje
stukje gemberwortel (3 cm)
1 tl. pimentpoeder (all spice)
1 tl. kruidnagelpoeder
0,75 l (droge) appelwijn (of droge cider)
rietsuiker, of appeldiksap, naar smaak

Was de appels, snijd ze in kwarten, laat schil en klokhuizen zitten. Sudder de appels onafgedekt in een stevige pan met kaneel t/m wijn tot appels zacht zijn. Verwijder kaneel en gember, wrijf de appels door een zeef, voeg rietsuiker of diksap naar smaak toe en verhit de massa al roerend tot de suiker is opgelost of het diksap is opgenomen.
Serveren: puur, als bijgerecht of toet, of dun gesmeerd op citroencake of krentenbrood met spijs. Met wat mosterd erdoor is het erg lekker bij varkensgebraad.

Zie voor 'Actie in september' het hoofdstuk 'augustus'.

'My greatest skill has been to want but little.'

('Mijn grootste vaardigheid was slechts weinig nodig te hebben.')
Henry David Thoreau, *Walden*, 1854

Handenvol bessen van 'de moeder van het woud' • voor het oprapen: geurige boleten • stadsleven versus landleven • een persoonlijke visie op watermanagement • late oogsten op de keukentafel • de blokfluittonen van wilde zwanen

oktober

[jachtmaand / hunter's moon]

Als ik met een passer in ons dorp prik, op de kaart, en een cirkel trek van pakweg 20 km, vind ik de meest fantastische, natuurzuivere of biologische producten die een lekkerbekkend mens kan wensen. Producten die mijn eigen oogsten aanvullen. Van saucijsjes van Hooglanders tot appelwijn, van koe-, schapen- en geitenkaas in alle soorten en maten tot het neusje van de zalm aan rivier-, wadden- en zeevis. Van granen en op stenen gemalen melen voor pluimvee en pannenkoek, tot fruit en noten uit oude boerentuinen. En van de lang bloeiende lila weefplant *Verbena bonariensis* (oftewel ijzerhard, alweer zo'n mooie bijen- en vlindertrekker) tot de mooie *Viola alba*, wit viooltje in plompe polletjes, want een mens leeft niet van brood alleen. Een deel daarvan komt van vrienden die hun oogsten graag delen. Een regionale rijkdom om u tegen te zeggen, qua vriendschap, maar ook qua smaak, ecologie én economie: het is prettig dat mijn geld rechtstreeks terugvloeit naar de streek, naar vaak idealistische producenten die er keihard voor werken en die je elke cent gunt.

Pas wonend op het platteland, echter, winkelde ik nog met een westerse geest. Vaak en in kleine porties. Dat vind ik nu ondenkbaar (en het kost massa's tijd en benzine) maar ik was het jaren zo gewend, fietsend langs toko en traiteur. Dus het vereiste omschakeling om hier niet zo een, twee, drie te beschikken over korianderblad, sambal Madam Jeannette en versgedraaide papperdelle.

Op een doodenkele missie naar de grote stad vond ik weliswaar exotica, maar veel belangrijker was dat ik leerde te leven van de producten die er wél waren en die ik zelf gemakkelijk kon telen. Steeds blijer werd ik met peterselie, ging bieslook gepassioneerd beminnen, werd vurig verliefd op verveine (*Lippia citronada*) en op al die andere kruiden die lang plukbaar, invriesbaar en droogbaar bleken. En de koriander die ik zaaide, omdat ik meende dat ik absoluut niet zonder kon? Ik genoot ervan toen de planten opkwamen om er mijn hand door te halen (die geur!) en proefde de koriandersalsa al, met pepers uit mijn koude kas. Maar stom genoeg vergat ik het blad te oogsten, de planten zaten al dik in het zaad en... *het maakte me niks uit!* Ik oogstte en droogde de zaden, en dacht terug aan geur en textuur van het blad, en hoe heerlijk dat was. Blij met de zaden (ik stop ze in zoetzuur en soepen), zonder de bladoogst te betreuren.

Het geschenk uit de hemel heet: water!

De Ierse auteur Edna O'Brien beschrijft in haar bundel *Returning* een meisje dat 's zomers bij haar grootmoeder logeert. Bij gebrek aan waterleiding in oma's cottage haalt ze water uit een bron, die uiteraard magisch en 'holy' is, want we zijn in Ierland. De grootste uitdaging voor het meisje is de volle emmer zonder vochtverlies naar huis te sjouwen. Vaak lukt dat niet verder dan de drempel, wanneer ze door onhandigheid, of uit pure opluchting, toch nog een golf over de rand klotst. Dan tuttut oma duchtig, wegens de verspilling. Ik herinnerde me het verhaal toen ik zelf zo'n Ierse cottage-met-bron

Regenwater, heilig water, slootwater en gootwater...

stuitte op een luik in de keukenvloer. 'De put!' verklaarde de verhuurster, haalde het luik weg en takelde vanuit koele diepten een emmer water omhoog. Door de exorbitant hoge prijs van 'water uit Athene' (het waterleidingbedrijf) en vanwege de lange, droge zomermaanden bezat het huis een onderaardse opslagplaats voor 'gratis water uit de hemel', dat in het vroege voorjaar in bakken neerviel. Dus dat gebruikte je en *her*gebruikte je, instrueerde mijn huisbazin: douchewater (door zonnegod Helios gratis opgewarmd) werd opgevangen in een kinderbad en diende als spoelmiddel voor het toilet. Afwaswater laafde geraniums op het terras 'die dat beetje zeepsop niet erg vonden.'

Eenmaal doordrongen van de recyclerende noodzaak rekte ik zo'n emmer geput water uit in al zijn onvermoede mogelijkheden. Maakte ik bindsla schoon, dan ving ik het spoelwater op om aardappels schoon te schrobben of de aangekoekte moussakáschaal in de week te zetten. Een teil water met zeeppoeder, schuins in de zon geplaatst, warmde genoeg op om er later een handwas in te doen. Super!
Ik benutte de put uitputtend, maar kennelijk niet genoeg. Toen mijn huisbazin mij een pruttelkoffiepotje zag vullen met kraanwater brak de hel bij haar los. Maar ook bij mij. Potverpillepap, ik had

huurde. Het water was zo heilig dat het zieken kon genezen, zei de oude buurvrouw, dus deed ik er goed aan theewater hier te tappen en geen drop te vermorsen...
Ook op de Griekse Cycladen bleek water heilig te zijn. Ik betrok er een huis op een idyllisch eiland en

oktober

van het land

vakantie en geen behoefte aan blozende schuldgevoelens als mijn partner en ik eens per ongeluk het kinderbad vergaten en de plee spontaan doortrokken. Ik hees me de hele dag te pletter aan water, had van tevoren al het hele aflopende schema in mijn hoofd hoe één emmer volledig te benutten, maar voor die paar onnozele kopjes koffie per dag tankte ik halsstarrig het brandschone 'water uit Athene'.

Mijn partner, destijds bepaald minder kringloperig dan ik, was dat watergedoe spuugzat en haalde een pallet gebotteld bronwater in huis, maar de essentie van het gratis water uit de hemel bleef me bij. Ook in dit land, waar water steeds duurder wordt en het immense energie kost om het voor ons te reinigen, is het verstandig dat geschenk uit de hemel op te vangen, wanneer de zondvloed ook komt.

Romantische barriques van Sloveens eiken...

Iets aan watermanagement was al gedaan, toen we hier kwamen. Regenwater van het huisdak stroomt naar binnensloot en twee vijvers, wat fijn is voor de flora en fauna aldaar. De moestuin, echter, had soms extra water nodig. Omdat hij vele stappen op zevenmijlslaarzen verwijderd ligt van het dichtstbijzijnde buitenkraantje, bij de keuken, werden mijn armen met de dag langer door het gezeul met gieters. Het volgend seizoen brachten hectometers aaneengeknoopte tuinslangen uitkomst, maar daarna doken we echt in het waterbeleid. Nu vangen we alles op dat lekt. Niet in romantische barriques, ex-wijnvaten van Frans of Sloveens eiken waarvoor ik het allerliefste zwicht, want mijn partner waarschuwt dan verstandig voor de hoge kosten en voor lekkage, wanneer de vaten leegstaan. Nee, we kregen een groen plastic vat cadeau, kochten er twee (uit het zicht gemoffeld in het meidoornbos) en toen tipte een tuinman ons over een immense tweedehands tank, van lichtgewicht kunststof en aluminium. Het gerecyclede gevaarte, geheel gereinigd, kon duizend liter bevatten, zei hij, kostte een habbekrats en hij wilde hem wel gratis bezorgen. Hup, direct de koop gesloten.

Sindsdien is de tank gekoppeld aan de ganzenstal, achter een piepjonge wilg. Het leek me ondenkbaar dat het vat eens vol zou raken maar door wolkbreuken in een eerdere herfst moest er behoorlijk acuut een noodpijpleiding naar een extra reservoir worden aangelegd. Als de hemel meewerkt, en dat doet hij vaak in oktober, kan ik nu in één tank en drie vaten tweeduizend liter opvangen. Gratuit en voor niks, voor kas en kip en gans en plant. Dat water is zo op, dus recycleer ik hier op zijn Grieks. De nog halfvolle drinkemmer van de ganzen wordt 's ochtends in dorstige moestuinbedden gekiept voor ik hem opnieuw voor ze vul. Uit die tank vol bewaard, gratis water.

Over mooie luchten en 'wild zonder pootjes'

Een zachte oktobermaand biedt drie seizoenen tegelijk: zomer, herfst en het begin van winter. Er zijn aardappels, peren, soms nog courgettes en kastomaten, lekker doorgerijpte bonen om te doppen, pompoenen, kouverdragende tuinkruiden, de eeuwige snijbiet – van robijnrood nu granaatrood geworden – en ook de meest weelderige kool uit de tuin is al klaar voor de pan: de 'Bloemendaalse Gele'.

'Mooie luchten met allerlei duivenveertjes aan de randen' schrijft Pieter Verhagen over de oktoberhemel in *Het geluk van de tuin*. Tegen dat decor – of tegen goudomzoomde Ruysdaelwolken – vallen de noordelijke kieviten weer binnen, net als zwanen, die zingen in blokfluittonen, en wilde ganzen, in rimpelende snoeren, hoog over het land. Ik verwelkom alle vogels, hardop en met heel mijn hart. Eenmaal gesetteld pendelen grauwe ganzen en rotganzen (kol- en brandganzen komen later) in de vroege ochtend van de kwelders naar weide en riet. Ook zie je ze waar jonge gewassen staan (wintergraan) of geoogste gewassen stonden: aardappel en biet. 's Avonds gaan ze weer terug, in korte treintjes, of in V-, W-, X-, Y-en Z-formaties. Spreeuwen stromen als in een prent van Escher door de avondlucht, zwenkend, ruisend. De kramsvogels en koperwieken zijn al op bezoek geweest, zich volproppend met meidoornbessen en ook de

We eten oktoberwild: zwam, noot en bes.

vinkjes vind ik weer, peuzelend van saffloer- en andere distelzaden. Op helle dagen met veel zon en thermiek zweven buizerds met hun halfwas jongen door de lucht, miauwend achtjes trekkend. Lager, en lager en lager. Pal boven de kippentuin. Alleen dan houd ik mijn hart vast.

Met hulp van vrienden gaat het hooi van de wilde wei, dunnen we het riet in de vijver (als een ritselende muur ligt het opgestapeld in La Compostella) en eten we oktoberwild: zwam, noot en bes. De paddenstoelzoekende vriendin brengt me vergieten vol: boleten en naar abrikozen geurende gele stekelzwammen, beter bekend als pieds de mouton. Vroeger, in de duinen, plukten we wel eens een parasolzwam, maar – erg ethisch – alleen als er veel van stonden. Ook hier in de tuin spoor ik eetbare paddenstoelen op. Judasoren groeien spontaan op oude vlieren, zelfs op afgezaagde stammen; morieljes zijn er hopelijk volgend jaar weer, in de lente, en twee soorten champignon kwamen op na een hoosbui in juli, en nu opnieuw.

Op het kleine Kanaaleiland Sark leerde een bejaarde botanicus me eens de zeldzame zandkrokus kennen, niet groter dan een millimeter, die het clubje plantgekke Britten om mij heen tot immense opwinding bracht. ('*Oh, golly!*') Eenzelfde extase probeer ik aan mijn vrienden over te brengen als ik in oktober een witte speldenknop opmerk in het populieren- en meidoornbosje. 'Oh, kom eens kijken! Nee, je moet nog dieper hurken. Bij mijn vinger, kijk dan. Ja, hier! Hoe vind je hem?! Als de regen aanhoudt is dit over drie dagen een lekker dikke anijschampignon!' Uit mijn tuindagboek: '27/10. Opnieuw volop anijschampignons. Gebakken voor het ontbijt, op warme toast. Ik droog ze ook. Er ontstaat een waanzinnige geur! Eerst "bos" en anijs en daarna amandel, of beter: marsepein.'

Ik houd van het wild zonder pootjes. Wat wil je ook, paddenstoelen zijn de herfst in synopsis: die geur, die smaak, en die namen! Cantharel. Berkenboleet. Eekhoorntjesbrood. Puur Paulus de Boskabouter.

Eenentwintig dagen miste ik haar, mijn malle kip Fuut

Vooralsnog zijn mijn notelaars te jong om oogst te geven, dus komt er een kist walnoten van een monumentale boom uit de buurt. Sleebessen zijn er te over, voor *sloe gin*, met Kerst op dronk. Als ik ooit een tuin opnieuw zou inrichten, hoe klein ook, nam ik een mispel, een vlier, een appelboom, een meidoornheg én een sleebes, oerfamilie van de pruim en daarom ook wel sleepruim of -doorn genoemd. Dat doorn slaat op de vervaarlijke stekels, waarmee slagers vroeger hun worsten dicht punnikten.

Om de blauwzwarte bes te plukken moet ik gelaarsd de vijverbedding in. De grote vijver valt in de vroege herfst vaak droog en vanuit zijn laaggelegen, zompige bodem kan ik het handigst reiken naar de dikste bessen aan de overhangende takken. Mijn ganzen – altijd nieuwsgierig – lopen los op het grasveld en volgen mij, maar niet in de droge diepte in. Wat ik daar beneden doe, bekijken ze stil vanaf de oever, opgesteld als Comanches aan een ravijnrand.

En net wanneer ik denk: mooi, de veestapel is op orde om de winter mee in te gaan – de troep ganzen verrijkt, de dameskuikens uitgegroeid tot hennetjes t.d.l.a. (tegen de leg aan) – dan, juist dan, verdwijnt mijn koper- en loodkleurige kip Fuut, mooi, mal en geliefd. Eenentwintig dagen later zit ze op een stralende zondag als een theemuts achter de kas, op een grijze stoeptegel, omringd door herfstblaadjes. Perfect gecamoufleerd én in de zon. Onder haar borst piepen twee snuitjes. Één vrij frêle en één met een behoorlijk dikke bol (bijna zeker een mannelijk kuiken). Nina en Frederik zijn geboren. En zitten binnen twee weken als muzieknootjes op een hoge tak.

van het land

oktober

'Sloe gin' (zoete sleebesborrel) (V/Vegan)

'Ik houd van de natuur, maar ik moet er wat bij te drinken hebben,' sprak dichter Willem Kloos en hij voegde de daad bij het woord. Voor dichters en andere liefhebbers.

Maak 2 flessen met draaidop brandschoon. Beprik alle sleebessen met de stekel (of een schone speld) en doe dat per bes minstens 6 keer, tot op of in de dikke pit, voor extra amandelachtige smaak. Vul de flessen voor ca. een derde met sleebessen, begiet ze helemaal met diksap en vul bij met drank. Sluit de flessen goed, zet ze donker weg, maar schud ze elke dag gedurende een week stevig. Schud vervolgens elke week een keer. (In plaats van prikken: leg de bessen een nacht in de vriezer, dan breken de velletjes na het ontdooien en wordt de bes ook zoeter).
Serveren: drink de sloe gin na twee maanden. Zeef hem eerst of laat de bessen er gewoon in. Serveer licht gekoeld, in kleine glaasjes, met Kerst bijvoorbeeld. Dit kan ook met meidoornbessen, bramen of vlierbessen! (Zoet dan met vlierbessensiroop).

2 flessen gin, brandewijn, wodka, grappa of jenever
1 boordevol vergiet sleebessen (liefst geplukt na een nachtvorstje)
enkele stekels van de sleedoornstruik
diksap van appel en zwarte bes

Christmas pudding 'Van het land' (V/Vegan)

Maak hem nu en laat hem lekker lang rijpen...
zie december!

Kruidige linzenstoof met lamsvlees

Verhit de olie in een stevige koekenpan en kook alvast 1 l water in een grote stoofpan met dikke bodem; voeg daaraan rozemarijn t/m peperkorrels toe. Bruineer het vlees op hoog vuur aan weerszijden in de hete olie en breng het over naar de stoofpan. Blus jus met de wijn en roer los; laat het vocht kort koken en giet bij het vlees. Voeg tomaten toe, breng alles aan de kook en zet de pan op de kleinste warmtebron, zodat de stoofschotel net 'bubbelt'; laat 1 1/2 uur pruttelen. Voeg linzen en zout toe, controleer of er wat kokend water of bouillon bij moet en laat nog 30-40 min. garen. Schep het vlees eruit, pluk het van het bot en voeg weer toe.
Serveren: proef af op zout en peper, schep in diepe borden en geef er bruine, rondkorrelige rijst bij.

scheutje olijfolie
10 takjes rozemarijn
10 takjes bladpeterselie
5 takjes selderie
1/2 bol knoflook
4 gesnipperde sjalotjes
3 laurierblaadjes
6 geplette peperkorrels
350 g lamsschouder met bot
scheut appelwijn of droge witte wijn
4 tomaten, fijn gehakt
500 g linzen (Du Puy)
2 tl. zeezout

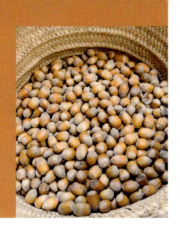

Hazelnootpasta met notenolie (V/Vegan)

500 g hazelnoten, gekraakt uit de dop (schoongewicht)
3 el. hazelnootolie (*huile de noisette*, liefst extra vergine)

Verwarm de oven voor op 200 °C. Leg de hazelnoten op een bakplaat en rooster ze 5-10 min.; wrijf de bruine velletjes eraf. Doe de noten zo warm mogelijk in een keukenmachine en maal tot fijne puree. Voeg olie toe en pulseer tot een smeuïg geheel. Schep in brandschone potten. Bewaar max. 2 weken, koel.
Serveren: op brood, door worteltjestaart en chocolademousse.

Gevulde walnoten (V)

60 g parmigiano reggiano of stokoude geiten- of schapenkaas
zachte boter
1 el. fijngehakte basilicum
24 halve walnoten

Rasp de kaas en meng met boter en basilicum tot een smeuïg geheel. Smeer dit in de walnoten, laat 30 min. opstijven in koelkast.
Serveren: als entree of besluit van een diner. Ook lekker met cotignac (zie pag. 142).

Heldere herfstsoep met paddenstoelen en marsala (V/Vegan)

Neem voor dit recept pieds de mouton (oftewel gele stekelzwam, die er tot en met november is) of andere (wilde) paddenstoelen.

250 g pieds de mouton
scheutje olijfolie
2 knoflooktenen, zeer fijn gehakt
snuf zout
2 worteltjes, in schijfjes
1¼ l (zelfgetrokken) champignon- of groentebouillon
75 ml marsala
350 g verse tortellini (gevuld met spinazie en ricotta)
snuf versgeraspte nootmuskaat
2 tl. noten- of truffelolie
1 el. zeer fijngehakte bladpeterselie

Borstel de paddenstoelen schoon, snijd ze in plakjes, bak ze 3 min. voorzichtig in de hete olie op matig vuur. Bestrooi ze met knoflook en zout, houd ze apart. Borstel de peentjes schoon, snijd in zeer dunne schijfjes. Breng de bouillon aan de kook, draai het vuur laag, voeg de worteltjes toe en kook tot deze beetgaar zijn (5-8 min.) Giet de marsala in soep. Kook de tortellini (zie voorschrift verpakking), laat uitlekken en voeg ze met de paddenstoelen (plus bakvocht) en nootmuskaat toe aan de soep; verwarm ze daarin zonder de soep te laten koken.
Serveren: schep de soep in de borden, druppel er wat olie over en bestrooi met peterselie. **Vegan:** vervang tortellini door gierst of quinua.

oktober

Boerenpaté (terrine de campagne)

750 g mager varkensvlees (van de schouder)
100 g gekookte (been)ham
250 g vetspek
250 g buikspek
250 g varkenslever
2-3 tl fijn zeezout
150 ml droge witte wijn
75 ml brandewijn (of *eau de vie*, Calvados of marc)
3 knoflookteentjes, zeer fijngehakt
2. tl. zeer grof gemalen zwarte peper
12 jeneverbessen, geplet
1½ el. fijngehakte, verse rozemarijntopjes
½ el. fijngehakte, verse tijmblaadjes
ca. 250 g doorregen spek (ongerookt), in plakken
ook: ovenvaste schaal of patévorm, inhoud ca. 1¼ l

Maal al het vlees **behalve** het doorregen spek, meng het goed dooreen met alle overige ingrediënten. Laat het mengsel 1 nacht rusten. Verwarm de oven voor op 170 °C. Vet de patévorm in (boter of olie) en stort de massa erin. Bedek het oppervlak goed met repen spek en daarna, losjes, met bakpapier. Zet de vorm in een braadslee met heet water dat tot de helft van de vorm reikt. (Vul zondig bij tijdens het bakken.) Bak de paté in 1½-3 uur gaar. Controle: zodra de paté lijkt te 'zwemmen' in vet en loskomt van de vorm is hij gaar. Of: prik erin met een satéprikker; die moet er schoon uitkomen. Graag een bruin bovenkantje? Verwijder het bakpapier 20 min voor het einde van de baktijd.
Serveren: bij warm, vers brood en met (zelf)ingelegd zoetzuur, zoals 'crunchy cauliflower pickle'.

Cotignac, stevige kweepeerpasta (V/Vegan)

De bereiding van deze bijna snijdbare, zeer zoete pasta is eeuwenoud en komt in tal van landen voor, vandaar de ook hier ingeburgerde namen: dulce de membrillo, Quittenbrot, marmelo en cotignac.

2 kg rijpe (geurende) kweeperen
1 vanillepeul, gespleten
2 kruidnagels
citroenschilletje (2-3 cm)
rietsuiker

Wrijf de donslaag van de kweeperen. Schil de vruchten, haal de klokhuizen eruit en stop deze in een neteldoekje, met kruidnagels en citroenschil; bind dicht. Hak het vruchtvlees in stukjes en leg in een pan met een dikke bodem. Bedek met zoveel water tot ze onderstaan, leg het neteldoekje erop en breng afgesloten aan de kook. Draai het vuur laag en gaar de kweeperen in 30-40 min. Giet het vocht af. Weeg de kweeperen en gebruik straks precies zoveel suiker. Blend de vruchten geheel glad. Giet de moes terug in de pan, voeg de suiker toe en breng dit roerend aan de kook, draai het vuur laag en roer regelmatig tot de massa inkookt tot een diep oranjerode pasta (dit kan 1½-2 uur duren!). Pas op voor spetters, draag lange keukenhandschoenen. Verwarm de oven voor op 50 °C. Vet een grote, platte ovenschaal in en bekleed met bakpapier. Stort de massa erin zet de schaal nog 1-3 uur in de oven om te drogen/in te dikken, met de ovendeur op een kier. Laat de pasta geheel afkoelen.
Serveren: in puntjes bij (oude) schapenkaas. Rol resterende stukjes door een laagje suiker; bewaar ze luchtdicht en koud, zo blijven ze maanden goed.

van het land

'Crunchy cauliflower pickle' (V/Vegan)

1 bloemkool (vuil gewicht ca. 1250 g)
10 kleine uitjes of sjalotjes
8 peentjes of 1-2 winterpenen
100 g zout en 1 l water
ca. 1 l kruidenazijn (naar smaak)
mosterdzaad en/of dillezaad
appeldiksap

Pickle is hartig zoetzuur van harde groenten die knapperig blijven omdat ze niet worden gekookt (zoals in chutney) en eerst in een zoutbad gaan. Veel Oost-Europese (en joodse) ingelegde groenten zijn op dat zoutbad gebaseerd. Perfect om ondermaatse uitjes in te leggen, vergezeld van andere (herfst)groenten. Alleen uitjes inleggen kan ook, die horen bij een ploughman's lunch (zie bij 'serveren'). Voor 4-5 potjes.

Maak de groenten schoon, verdeel bloemkool in kleine roosjes, halveer de uien zonodig en hak de peentjes in 1-2 cm. Meng de groenten in een schaal. Los het zout op in het water en giet over de groenten tot ze onder staan. Leg een bord op de groenten, zet er een gewicht op en laat 24 uur staan. Giet het water af, spoel de groenten af en laat uitlekken. Verdeel wat zaden en groenten over brandschone potten, begiet met kruidenazijn tot ze bijna helemaal onderstaan en giet er per pot 5 el. appeldiksap bij, sluit af met deksels met een niet-metalen binnenkant. Schud eens, zet ze donker weg en schud af en toe.

Serveren: na 4 weken maar binnen 6 maanden, bij paté, koud vlees of gevogelte, stampotten, gebakken groenten of een Ploughman's lunch: goed boerenbrood, een moot rijpe farmhouse cheddar of boerenkaas met een pul *ale, bitter, stout* of droge cider.

Kweepeerlikeur (V/Vegan)

weckfles van 1-1½ l
takje engelwortelblad (angelica)
½ pijpje kaneel
3-4 rijpe, geurige kweeperen
60 g rietsuiker of 75 ml appeldiksap
ca. 600 ml wodka

Leg engelwortelblad en pijpkaneel onderin de fles. Wrijf/was het dons van de kweeperen, hak de vruchten in kwarten en maal ze tot pulp (inclusief schil en klokhuis!). Stop de pulp in de weckfles, los suiker of diksap op in de wodka en giet erover. Sluit de fles en zet hem minimaal 6 weken op een donkere plek. Langer mag. Zeef de vloeistof over in een schone fles.

Serveren: licht gekoeld. Of een scheutje in cocktails, over gedroogd fruit, pudding etc.!

Actie in oktober

Lege bedden bedekken. Voor zover niet ingezaaid met groenbemesters: bedek bedden met hooi, stro of bladeren (of een mengsel ervan) of ander strooisel of composteerbaar materiaal (bruin karton) en veranker dit met stenen of balkjes. Uitgeputte bedden krijgen een dikke laag ruige mest (van koe, paard, ezel, schaap of geit. Vraag erom bij (hobby)boer, kinderboerderij of manege maar let op: **vermijd** manegemest met houtmot of snippers van tropisch hardhout. Daarvan gaan uw planten stuk! (Net als van as van tropisch hardhout). Of schep potmest (opgestapelde mest) uit ganzen- of kippenverblijf op de bedden.
Grof compostmateriaal of **grove mulchlaag:** verzamel kleinere takken en bladeren (houd **naalden** en **conifeerblad apart, voor het aardbeienbed**), versnipper ze en bewaar ze op hopen, afgedekt met jute zakken of stevig karton voor later gebruik in de composthopen. Of gooi alvast een laag op ingeklonken aarde.
Les feuilles mortes. Hark gevallen bladeren van het gazon. Overal elders in de tuin zijn ze zeer welkom, maar ze verstikken het grasveld. Dus veeg ze tussen planten (maar bedelf ze niet) en tussen de heesters. **Voor pure bladaarde:** maak een bladerberg, giet tussen de lagen telkens een emmer water, dek af maar maak zonodig weer nat en... heb geduld. Het duurt twee jaar. **Snellere methode:** verzamel bladeren (met name van het grasveld geharkt) op een hoop. Meng 500 g suiker door 10 l water en giet over de hoop. Herhaal zonodig. Of prop enkele vuilniszakken lekker vol blad, prik er enkele gaatjes in, gooi er een emmertje kippenmest bij of de inhoud uit de nachtspiegel, bind ze dicht en zet ze apart. Controleer elke maand: de inhoud mag niet droog worden. (Gooi voor het zicht bladeren over de zakken.)

van het land

Na een jaar is dit perfecte bladaarde, als bodemverbeteraar geschikt voor alle groentebedden. Het bevordert het bodemleven aanzienlijk. **Andere snelle methode:** verzamel de bladeren, hark ze tot een lange strook en maai die enkele keren (zitmaaier, handroller), dat versnelt het composteren.

Gladde paden. Maak betegelde paden begaanbaar(der) door er grit of scherp zand over te strooien. (En nee, de regen spoelt dat niet in een keer weg!)

Spruitjes en palmkool. Draai de knollige kopjes bovenin uit de stronken. Verwerk ze in stamppot of geef ze aan kip, konijn of gans.

Witlof. Steek de planten op zodra het loof strijkt. Leg ze in rijen dakpansgewijs op de aarde (de wortels beschermd door het loof van de volgende plant) en laat ze nog wat meer afsterven. Hak het loof eraf zonder de kiem te beschadigen (die zit net onder het loof in de kop) en zet de wortels mannetje aan mannetje in een kuil of een kist (eerst bekleed met wat stro). Bedek de wortels onder gitzwarte aarde of compost en dan een laag stro. Dek de kuil af c.q. zet de kist in een koude schuur of laat de wortels in de goed bedekte kist op het land. Zo kunnen ze de winter in, om in het vroege voorjaar uit te schieten in witlofstruikjes.

Wintergraan, als groenbemester gezaaid: knip (grasknipper) of maai (grasmaaier met opvangbak, maaier op hoge stand) regelmatig wat groen van de winterrogge of -tarwe af en geef dat aan de kippen of strooi het over de composthoop. (Het groen groeit weer aan, de plant 'stoelt' uit, wordt er sterker van.)

Plant juist nu en in november heesters. Ze geven structuur en beschutting, ook in de moestuin. Ouderwetse heesters kunnen nog steeds of wéér: *Mahonia*, *Berberis* en *Spirea*. Of kies heesters **met eetbare vruchten**, zoals de **Cornus kausa**, met vier witte schijnbloemen als een draaimolentje, en in de herfst rode vruchten (voor jam), of de **Aronia (appelbes)**, met eetbare, extreem gezonde bessen en rood verkleurend blad, of het goeie oude **krentenboompje** (*Amelanchier*, diverse soorten) met schitterende bloesems in het voorjaar en rode, zoete vruchtjes, naar bosbes smakend en rijk aan vitamine A, in zomer en herfst. Daarvan maak je sap, jam of wijn. Voor jam: door het hoge pectinegehalte hoef je geen geleermiddel toe te voegen.

Geef jonge **kardoenen en artisjokken** een flinke laag mulch: in hun eerste jaar zijn ze extra vorstgevoelig. Nog meer bedekking bij vorst kan geen kwaad.

oktober

'A decent traditional farmer would feed his animals with what they'd probably choose to eat themselves.'

('Een fatsoenlijke, traditionele boer voert zijn dieren met wat zij waarschijnlijk zelf verkiezen te eten.')
Paul Heiney, *The traditional farming year*, 2004

De laatste hortensia's verkreukelen • novemberfruit: mispels en bessen van de Gelderse roos • een bladerberg als een hunebed • de geest van klei • de Grote Storm heeft ons bereikt • de houtkachel kan weer branden • het verhaal van de hanen

november

[slachtmaand / *snow moon*]

Is november nu herfst of winter? Beide. Soms kom ik halfbevroren van het land, dan weer zit ik op luwe dagen buiten en dop glanzende boontjes uit hun verdroogde peulen, onder overtrekkende kolganzen (zo laag vliegend dat ik hun bruine buikstrepen onderscheid). Of ik schoffel, in hemdsmouwen. In haar epische gedicht *The Land* heeft Vita Sackville-West het over *the unkindly spirit of clay*. Die geest van klei verander ik door er compost, of bladaarde, of ganzenmest-uit-de-stal op te storten, of hooi, of alles door elkaar. Klaar voor de winterdag.

Mijn partner haalt me voor een echte novemberklus: gevallen loof moet van het grasveld, met behulp van blower en grashark. Zo'n blower maakt herrie en stinkt, maar we gebruiken hem hooguit twee keer per jaar: met blad dat op één middag vijfentwintig kruiwagens vult is hij een uitkomst en bouwen we in twee uur een hunebed aan bladeren op. (Waarin ik dan graag een paar keer stage-dive. Zijnde een vrouw van gewicht plet ik de boel vrij aardig.) En het gras komt weer tevoorschijn. Als het vale fluweel in een sleets Iers kasteel.

Zolang regenbuien regelmatig in vitrages voorbijschuiven groeien de anijschampignons aan het 'waterpaadje' tegen de klippen op. Ik pluk mispels, rozenbottels en vergaar bessen van de Gelderse roos; daarvan maak ik moes waarnaar het hele huis geurt. Er zitten prachtige 'plaatjes' in die je eruit moet zeven. Viburnummoes is knalrood, lekker én sterk: een schep door appelpuree is al voldoende, net als bij duindoornmoes.

De laatste hortensia's verkreukelen, een kaardenbol staat stil aan de vijverrand en in het veld spot ik jagers. Binnen gaat de telefoon: het is de paddenstoelvriendin die in een noordelijk, Scandinavisch aandoend bos boleten weet te vinden. En tamme kastanjes. Of ik ook kom? Ik ben al onderweg.

Een squadron toepolevs boven het huis...

Storm. Na eerdere orkanen, strak vanaf het wad, lag de tuin telkens bezaaid met polsdikke takken. Opgewekt zeiden dorpsgenoten dan: 'Het kan veel erger, ja! Bij jullie zijn wel eens zeven bomen omgewaaid!' Maar nu is het raak. Het begint in

van het land

de vroege avond. Als ik de ganzen opstal en terugloop door het donkere bos voelt het Bommeliaans: duisternis, paarsblauwe wolken, striemende regen, hagelstenen, glimmend gebladerte in het maanlicht en een aanjagende noordwester. Dan ben ik blij om het lamplicht uit de serre te zien schijnen. Per uur neemt de wind toe en ronkt angstaanjagend, alsof er een squadron toepolevs boven het huis hangt. Windkracht tien, soms elf, heeft ons bereikt. Het bos zwiept en zelfs het huis lijkt te trillen, en nu eens niet door bietenwagens, die in de herfst voorbij denderen. Een knetterende dreun in het holst van de nacht betekent dat een deel van de buurkastanje op ons dak ligt.

's Ochtends vroeg loeit de storm nog als een misthoorn. Toch laat ik de kippen los die opwaaien – net badmintonshuttles – en direct onder de struiken schuilen; wanneer ik naar de ganzenstal loop vermijd ik het bospaadje (ben je betoeterd, er kan elk moment een Spaanse aak op me storten), en kies het grasveld. Daar loop ik vanwege afgerukte takken twintig centimeter hoger dan anders. Ik maak de staldeur open, hang er als een natte dweil tegenaan om hem vast te houden en roep de ganzen volkomen onnodig toe dat het stormt. Luid gakkend passen ze zich onmiddellijk aan: ze slaan hun vleugels niet per twee tegelijk uit, zoals ritueel op stormvrije morgens, maar voorzichtig één voor één. Geen lage vliegrondjes, vandaag. Handig schuins door de poten gezakt zetten ze de kop in

Het donkere bos voelt Bommeliaans: glimmend blad, striemende regen, hagelstenen.

de wind, richting voerbak die ik zo ongeveer liggend vul met graan.
In de moestuin zijn de boerenkoolstronken omgemept en in een waddenhaven schoven vissersboten de wal op. De kwelders voor de zeedijk zijn bezaaid met plezierjachtjes, losgeslagen van boei en anker en in een rechte lijn komen aanzeilen vanaf

november

Bij twee hanen op het erf is er eentje een soort hulpsinterklaas.

van het land

Schiermonnikoog. Er is zelfs een compleet houten kantoortje bij, archiefkast en bureaustoel keurig meegeleverd.

En ook wij ontkomen niet aan schade: een torenhoge wilg is gespleten en een populier mist zijn kruin. Die ligt ernaast. De tuinman die we af en toe in de arm nemen zendt hulp zodra de storm luwt: een boomverzorger hangt in de wilg en zaagt hem drastisch kort, waarbij grote stukken naar beneden donderen. 'Timbàààhhh!' (*timber*) roepen de bosbouwers in Amerika dan, elkaar waarschuwend voor vallend hout. Voorlopig kan de kachel weer branden. Het kandelaberen van de wilg oogt vreselijk, maar de volgende zomer breekt hij overal groen uit. Zoals een klompenmaker ooit tegen me zei: 'Zelfs volkomen dood lijkend wilgenhout zet nog wortel.' Dat merk ik als ik 's zomers een rek timmer voor de frambozenstruiken. Ik kies een souvenir van de storm, armdikke wilgentakken, en mep ze omgekeerd de grond in. Alwaar ze uitlopen en hun takken in een volmaakte U-bocht naar de hemel sturen.

Het verhaal van de hanen

Als ik vertel over zelfvoorziening heb ik het zelden als eerste over de hanen. Hanen die ik laat slachten. Immers, het woord 'zielig' is ons in de mond bestorven als het over vlees eten gaat, zowel bij klanten van de Kiloknaller als bij biologisch *Angehauchten*. Het is de kromme tweespalt tussen wél vlees wensen maar niet willen weten dat daarvoor dieren sneven. Maar ik leef zoveel mogelijk van het land én ik eet van tijd tot tijd een stukje vlees. Honderdvijftig gram per week, rekende ik eens uit, amper de helft van een T-bonesteak of wat een gemiddelde Yank per dag verstouwt, maar toch, vlees. Onder meer van eigen erf.
Toen ik toestond dat mijn krielkippen zich uitbreidden, schiep ik onmiddellijk een probleem: want aan een bevrucht ei kun je niet zien of het een haan of hennetje wordt. Eén haan gaat prima, twee hanen soms (dan is eentje een soort hulpsinterklaas, ondergeschikt aan de echte goedheilig man) maar drie? Een ingreep wordt noodzakelijk.

'Als je dieren uitnodigt op je erf, nodig je ook de dood uit,' zei een veearts eens. En hij kon het weten. Dit is het verhaal van de hanen.

Pal na haar komst was mijn oerkip Jantje broeds. Ze leefde in een dameskrans dus alle eieren waarop ze een schuin oogje had en onder haar borst schoof waren onbevrucht. Broeden zou nergens op slaan. Maar het beeld van kuikens doemde bij mij op. Kuikens, geboren in deze tuin! Een welwillende dorpsgenoot legde beslag op bevruchte eieren, de onbevruchte haalden we weg en Jan zat éénentwintig dagen in trance. Ze schonk het leven aan een pittig, zwart-wit gestreept tweetal, schuilend onder moeders rokken of heen en weer schietend als strandlopertjes aan de vloedlijn. *So far, so good.* Het duo ontwikkelde zich tot stevige belhamels. Klauterend op de rug van hun moeder, zingend als kanaries en elkaar snavel aan snavel aanstarend – nekveren omhoog – in hun eerste schermutselingen. Haantjes? Nee, één haan en een hen. Ik doopte ze Stein en Neeltje. Ze groeiden als kool en kregen prachtige gele poten. Over hun dijen zakte een streperig vederkleed als de pijpen van een vooroorlogs badpak. Het duo stal mijn hart en Stein stal vrij ras de maagdelijkheid van zijn tantes. En vast ook van zijn moeder en zus, want in de kippenwereld geeft men niks om Oedipus of incest.

Wie wil er nu geen beeld van een haan?

In het geslacht school natuurlijk het probleem. Een haan is een haan is een haan, dus als ik niet uitkeek zou ik er al snel drie hebben, of tien. En: één keer fokken met moeder-zoon of broer-zus kan nog nét, maar het gevaar van inteelt dreigde. Ik wilde daarvan verschoond blijven, gealarmeerd door verhalen over in cirkels lopende kuikens, mismaakte dieren, of hanen die elkaar de heerschappij fel bestrijden – zonodig tot op het bot. De conclusie leek helder: Stein moest weg. Na een jaar de baas te zijn geweest in de kippentuin. Na een leven waarin hij zijn eigen vlier uitkoos, z'n dames zorgvuldig hoedde én enthousiast 'trad' (voor wat hoort wat), precies wist waar de lekkere pissebedden zich vermenigvuldigden en met

luider stemme kond deed van het ochtendgloren. Vanzelfsprekend informeerde ik eerst bij kippenhoudende buren of zij behoefte hadden aan een beeld van een haan. 'Gunst, nee. Jammer, want hij is prachtig, maar ik wil dit seizoen geen kuikens,' klonk het. En: 'Nee, dank je, ik heb al twaalf haantjes, dus... Maar veel succes ermee!' Zo ging het voort. Een drieste dorpsgenoot adviseerde Stein over het hek van de kinderboerderij te werpen, onder het motto 'dat doet iedereen, dus één haan meer of minder...' Misschien was het kinderlijk om te veronderstellen dat je iemand plezier met een haan.

Tot dorpsgenoot C. onverwacht gretig bleek. Ik was blij, maar mijn partner maakte me duidelijk dat C. in Stein het spreekwoordelijke gebraden haantje zag. 'Denk je nou echt dat C. hem houdt?!? Die gaat de pan in, hoor!' Ja, wacht even, dan kan ik Stein net zo goed zelf opeten, meende ik. Immers, een haan die zo frank en vrij leefde, die zoveel lekkere wilde en biologische hapjes kreeg – van mug tot wurm, van braam tot broccoli, van haver tot gort – zo'n dier is natuurlijk niet te vergelijken met welke winkelkip dan ook. Want nooit zou ik lekkerder kippensoep eten, waarin nog ouderwets een hartje en maagje meetrekken, onderdelen die je door overdreven voedingswetten nauwelijks meer kunt krijgen maar die bij elke soepkip of -haan horen. Aan zo'n haantje kun je nog eens je hart ophalen. Als je dan wel eerst het hart hebt om hem te slachten. En dat had ik niet.

Ook dit is onderdeel van de kringloop

Vriend Martin, biologisch boer, schoot me te hulp. Ik wist dat hij zijn vriezer elke september verrijkte met het surplus aan hanen van eigen erf, dus durfde ik hem te benaderen in casu Stein. 'Als jij hem morgenochtend brengt wil ik hem wel voor je slachten,' sprak Martin geruststellend over de telefoon. 'En ik maak hem ook nog schoon voor je.' De middag voor de moord liep ik met een bezwaard gemoed rond. 's Avonds, voor het nachthok, hoorde ik goedgemutst gemompel wanneer een kip eens wat verschoof. Ik deed Stein in de doos, sprak hem geruststellend toe (oh, slang in het paradijs) en

van het land

ging trillend naar bed. Zelfs na drie borrels.
De volgende morgen deed Martin, in de stal tussen grazende dieren, rustig zijn werk. En legde uit dat het slachten van een haan hoort bij de natuurlijke gang van zaken op een boerderij, of onder ons kippenhouders. Als boer gaat Martin dagelijks om met dieren en dat zijn behalve levende ook zieke, of stervende. Aanschouwelijk leerde ik dat kippen houden niet altijd kinderboekromantiek is: als mens beslis je over hun lot. En als dat je niet wilt, moet je geen dieren nemen. Of geen zuivel gebruiken (want voor melk heb je eerst jonge dieren nodig, en dan niet alleen koetjes, geitjes en schaapjes. Net zo goed ook stiertjes, bokjes en rammetjes. En die worden kalfsfricandeau, sateh kambing en zuiglam.) Zo simpel is het. Door Steins verscheiden werd de boer in mij volwassen.

Meerdere hanen zijn gekomen en gegaan. Die een of twee keer per jaar sta ik bij de slacht niet te juichen. Maar hoezeer is dit niet te verkiezen boven kippenfarms met tienduizenden opeen gepakte dieren die een A4tje hebben om op te 'leven' en waar een haan niet eens *bestaat*, die is al lang kattenvoer! Martin is nog steeds degene die slacht, maar ik vorder bij het assisteren. En juist daardoor aanvaard ik steeds meer in dankbaarheid de rijkdom van wat ik mee naar huis mag nemen. Zulk mooi roodbruin vlees, zo schitterend dooraderd met maïsgele spoortjes, dat het wel wild lijkt. Het *ís* wild. Ik was alle delen zorgvuldig, de poten, bast, vleugels en borst, lever, het hart en schoongemaakte maagje, laat het vlees besterven in de koelkast en vries het in of bereid het met zorg. In erkentelijkheid, bij elke handeling.

Mens tegen dier is een oneerlijke strijd. Ik begrijp vegetariërs en veganisten goed. Als ik dat fantastische vlees eet van mijn hanen, die enkele keren per jaar, doe ik dat ook niet zo maar. Ik denk bij hun soep, paté of gebraad aan de woorden van de oude indianen wanneer ze een hert schoten of een zalm vingen: 'Ik ben dankbaar dat ik me met jou mag voeden.' En dat ben ik, oprecht. Bovendien: werkelijk niets van het dier gaat verloren. Eetbare delen zijn voor Martins varkens en werkelijk oneetbare gaan op de composthoop. De cirkel is rond.

november

Levermousse van haan of hen

ca. 125 g levertjes van haan of hen
ca. 30 g boter
2 el gin
1 klein ei
wat zeezout en versgemalen zwarte peper
ca. 30 g extra boter, zacht
1 el. zongedroogde tomaat, fijngeknipt
1 klein of half sjalotje, zeer fijngehakt
1 knoflookteen, zeer fijngehakt
4 kleine, verse laurierblaadjes
3 el. jeneverbessen, 30 min. gedrenkt in gin
4 volle el. gesmolten boter

Bak de levertjes op laag vuur in de boter, ca. 5 min, om en om draaiend. Ze mogen niet al te bruin worden! Blend ze in de keukenmachine met gin t/m de 30 g extra boter. Roer er dan tomaat t/m knoflook door. Verdeel over 2 schaaltjes, verdeel laurierblaadjes en jeneverbessen erover. Laat de boter in een steelpannetje vloeibaar worden en schenk over de mousses. Dek af met dubbel keukenpapier en zet na 15 min. in de koelkast. Laat minimaal 2 dagen rijpen.

Serveren: haal mousses 20 min. voor serveren uit de koelkast. Smeer op kakelvers opperbest stokbrood en drink er Asti spumante bij of droge dessertwijn, zoals een Italiaanse passito.

Spruitjes met tamme kastanjes (V/Vegan)

300 g verse tamme kastanjes (of voorgekookte, vacuüm verpakt)
1 kg spruitjes
snufje zout
50 g boter of margarine
snuf gemalen foelie of versgeraspte nootmuskaat

Fietsend in de herfstregen over een landweg zag ik hier ooit voor het eerst van mijn leven een spruitjesplukmachine en remde piepend. Geweldig! Alsof een trekker met een bungalowtent eraan langzaam door het land werd getrokken. Stronken eruit, spruitjes eraf, net erwtensoep door een grote trechter.

Kruis de kastanjes op hun bolle zijde diep in; zet ze net onder water en kook ze in 30-45 min. gaar (test er eentje na een halfuur) en pel ze.
Intussen: verwijder kontjes en verdorde blaadjes van de spruitjes; snijd een kruis in het stronkje van grote spruiten. Kook ze in zeer weinig water met zout in 10-12 min. beetgaar. Schud ze halverwege op. Giet zonodig af. Roer de gepelde (desgewenst in boter gebakken en lichtgezouten en gepeperde) kastanjes en boter erdoor en bestuif met foelie of nootmuskaat. Bij voorgekookte kastanjes (vaak in twee porties verpakt): leg een zakje 5 min. in bijna kokend water. Haal de kastanjes uit de verpakking en bak ze even omscheppen in hete boter (op getemperd vuur); bestrooi ze met zout en peper.
Serveren: bij wild. of gebakken boleten.

van het land

Appelaalbesgelei met viburnum (Gelderse roos) (V/Vegan)

De bes van de Gelderse roos is alleen gekookt eetbaar en smaakt bitterzuur. Dus flink zoeten! Alternatief: aalbessen of cranberry's.

1 kg zure appels (bijv. Bramley's Seedling)
½ el. boter of margarine
500 g aalbessen (uit de vriezer)
500 g viburnumbessen
2 toeven angelica (engelwortel)
750 g rietsuiker

Hak de appels grof, kook ze in een bodem water (2-3 cm) met de boter (tegen aanbranden) en kook op halfhoog vuur tot moes, regelmatig roerend. Kook de bessoorten apart in een bodempje water tot moes. Zeef beide moessoorten en voeg bijeen, met angelica en suiker. Kook dit mengsel 10 min. op hoog vuur in, regelmatig roerend. Verwijder angelica en stort de gelei in brandschone, hete potten. Sluit direct. Goed voor ca. 6 jampotjes van 350 g.

Serveren: op brood, cakes etc. Als (wild)saus: roer er per 200 g gelei 1 el. fijne mosterd of mierikswortelpasta door.

Balkenbrij, bloedworst en zult, appelmoes en gebakken citroen

Balkenbrij hoort bij de winter, als product uit deze slachtmaand, net als bloedworst en zult, al te lang 'vergeten vlezen'. Fruit erbij is klassiek en heerlijk.

1 dikke plak doorregen spek
4-8 plakken balkenbrij, bebloemd
4 dunne plakjes bloedworst
4 mooie plakjes zult
boter
4-8 dunne citroenschijfjes
warme appelmoes met appelwijn (zie september)
wat blaadjes witlof

Bak het spek in eigen vet in een koekenpan krokant, haal het uit de pan en houd het warm (op bakpapier in de oven, bij 100 °C). Bak balkenbrij en bloedworst in het spekvet, op getemperd vuur, en houd ook warm. Bak de citroenschijfjes in een klontje boter op zacht vuur.

Serveren: leg de vleessoorten op een schaal, lepel appelmoes in de witlofblaadjes en leg er citroen op. Geef er roggebrood bij.

november

Confit van kip, gemarineerd in 'huisgestookte' eau de vie

De astronomische hoeveelheid boter in deze confit is bedoeld om de kippenpoten te garen en er daarna mee te bedekken.

8 kleine kippenpoten
1 el. zeezout
½ el. versgemalen zwarte peper
8 takjes verse tijm
1 dl 'huisgestookte' eau de vie (appel, pruim, peer) of cognac
1 kg boter
4 takjes tijm
4 knoflooktenen, grof gehakt

Wrijf de poten in met zout, bestrooi met peper en tijm, leg ze in een schaal waarin ze precies passen en bedruip ze met drank. Laat de poten goed afgedekt 6 uur in de koelkast marineren. Klaar de boter: smelt op heel laag vuur in een stevige pan tot de boter vloeibaar is. Schep bovendrijvende deeltjes eraf en schenk restant voorzichtig, zonder sedimenten, door een fijne zeef. Neem de poten uit de marinade en wrijf ze goed droog. Smoor ze afgedekt 2 uur in de hete geklaarde boter met tijm en knoflook op laag vuur. Doe ze in een grote stenen pot of weckpot. Zeef het vet erover en zorg dat alles geheel onderstaat. Sluit de pot pas als het vet geheel is afgekoeld. Zet koel weg; zo is het weken houdbaar. Voor gebruik: verwarm vet en boutjes tot het vet vloeit, haal de pootjes eruit en gril ze (grillpan) tot de huid krokant is.
Serveren: bij gebakken aardappels en gesnipperde, kort geblancheerde witte kool (met rozijnen en kummel).

Hete bliksem, hemel en aarde, 'stamppot appeltjes' (V/Vegan)

1½- 2 kg bloemige aardappels, geschild, in kwarten
1½ kg appels, liefst een mix van zoet en zuur
2 el. boter, in vlokjes
citroenschilletje (1 cm)
50 g boter, meer naar smaak
versgemalen zout en witte peper

Schil de aardappels, snijd ze in kwarten, zet ze voor eenderde onder water. Schil de appels, verwijder klokhuizen en leg ze op de aardappels; daarop gaan botervlokjes en citroenschil; breng aan de kook en laat op laag vuur ca. 25 min. garen. Giet zonodig (deels) af, verwijder citroenschilletje, roer of stamp alles dooreen en breng op smaak met zout en peper.
Serveren: met gebakken verse worst of in eigen vet hardgebakken speklapjes, bedrupt met balsamicoazijn. Met vlees: laat ook een stuk spek meetrekken. **Vegan:** vervang boter door margarine; roer er 6-8 el. kort geroosterde hazelnoten en walnoten door en serveer direct.

Mispels op Victoriaanse wijze (V)

goed rijpe, zacht aanvoelende mispels
125 ml slagroom of crème fraîche (van koe, geit of schaap)
mespunt gemalen vanille
1 el. rozenbotteljam
(enkele rozenbottels, voor de sier)
ook nodig: stro, hooi of houtwol

Was de mispels. Klop de room met vanille en jam lobbig.
Serveren: vul een mandje met stro of hooi, leg de mispels erin, met rozenbottels. Geef de room er apart bij. Mispels mag je zelfs in deftig gezelschap uitzuigen of -peuteren. Mispelvruchtvlees is ook klassiek garnituur bij wild.

Actie in november

'Ruige' mest moet beslist nu worden besteld! (zie ook 'Actie in oktober'). Verspreid de mest over schone bedden. Vermijd manegemest met houtmot of snippers van tropisch hardhout. Daarvan gaan uw planten stuk! Biologische mest, ook van geiten, blijft het beste. **Zacht fruit** (bessen, frambozen alsook aardbeien) wil zon, voeding en beschutting en bescherming tegen vogels. Een 'bessenvolière' is een goed idee. Verzorgen, vermeerderen en snoeien is echt iets om in de praktijk te leren: nodig een kenner (teler/volkstuinder/ervaren rot) uit in de tuin! **Fruitbomen plant u in het najaar.** Laat u goed voorlichten door een in fruit gespecialiseerde kweker/hovenier. Bedenk dat alle fruitsoorten zon willen en dus... schaduw brengen! Als u *niet* zou snoeien geeft de boom evengoed fruit, maar mogelijk minder dan gewenst. Gouden regel: kruisende takken gaan eruit en het hart blijft vrij: 'je moet er een hoedje door kunnen gooien.' Appelallergie? De lekkere 'Santana', ook als biologische boom verkrijgbaar, wordt goed verdragen. Geen tijd of ruimte en toch fruit? Neem laagstambomen of relatief kleine, weinig (ingewikkeld) snoeiwerk vragende bomen: **kweepeer, mispel of sierappel.** Een kwee wil beschutting, zon en veel water, een mispel ook, maar kan 'opener' staan. In mijn eerste stadstuin (4 x 5 m) had ik een sierappel die ik gedurende alle seizoenen wat snoeide. Ging prima. Bescheiden, prachtig bloeiend en vruchtjes tot de Kerst. Veel sierappels kunt u tot heerlijke gelei koken (*crab apple jelly*). **Plant sier- en notenbomen en heggen nu.** Kijk in uw directe omgeving, noteer welke bomen/heggen het goed doen en welke u mooi vindt. Let op groeisnelheid, bladsoort, bloei. Neem altijd een **'groene' tuinafscheiding** als het kan. Ik maakte eens een heg van 4 m met 8 gratis esdoornzaailingen: enkele keren toppen en snoeien en voilà, een dichte, mooi verkleurende heg c.q. vogelschuilplaats!

Stelen van zonnebloemen en topinamboer zijn geliefde ganzenknabbels. Of gebruik ze de volgende lente als erwten- of bonenstaken, of werp kurkdroge stukjes in de houtkachel. **Overwinterende dieren:** kikkers wonen in modderige vijverbodems, egels in blader- of composthopen of houtstapels (net als padden) en lieveheersbeestjes in alle denkbare ruimtes, dus wees voorzichtig als u materiaal in de tuin verplaatst! Lieveheersbeestjes leggen hun eitjes in peterselie waar ze sluimeren tot de lente. Zet peterselieplanten in de kas, wellicht teelt u zo eigen lieveheersbeestjes c.q. luizeneters! **Maak vogelhuisjes nu schoon!** Gebruik kokend water met wat soda erin en laat ze goed drogen! Rond deze tijd gaan mezen (en mussen) al woningen inspecteren. **Miernesten, melkboeren en luizen.** Mieren dragen in het voorjaar luizen op hun rug naar de sappigste topjes van groenten: de luizen zuigen het sap uit en de mieren melken ze, ter plekke of in hun nest, dat ze bouwen onder aardewerken potten, omgekeerde emmers etc. Daar overwinteren ze, soms met luizen en al! Dus verzet potten en cloches regelmatig.

van het land

Flessen van doorzichtig plastic zijn niet de mooiste 'cloches', maar knip de bodem eruit en zet ze over jonge, kwetsbare plantjes. De opening bovenin werkt als ventilatiegat. Zodra de planten sterk genoeg zijn kunnen de fles-cloches eraf. Of snijd ze op 10 cm hoogte af, dat weerhoudt slakken...
Koper tegen slakken. Koper geeft slakken stroomstootjes, dus met (oude) koperen leidingen om uw hele moestuin is een Groot Probleem opgelost! **Oude, halfronde goten over?** Gebruik ze in het voorjaar als zaaibed. Zet ze in de kas, zeker ze met wat grind of stenen en kiep er zaaigrond in. Zaai er sla in of doperwtjes (bijvoorbeeld), graaf bij het uitplanten een halfronde geul in de tuin en 'glij' de inhoud van de goot erin! Voordeel: de plantworteltjes blijven onaangetast.
Dahlia's: opgraven kan, laten staan ook. Verwijder verwelkt loof en stort minimaal 20 cm compost op de planten. Strooi eerst gehakseld stro als de planten doornat zijn. Zet er een naambordje bij met naam en kleur. Verhoog de compost zodra hij inklinkt. In de grond bewaarde dahlia's bloeien eerder en langer.
Witlof: snijd het loof af tot 5 cm boven de grond en dek af met terracotta potten, waarin stro zit, om de plant voor bevriezing te behoeden. **Of:** graaf telkens wat planten op, laat ze buiten afsterven onder eigen loof. Hak het loof eraf (ca. 5 cm boven de wortel, want daar zit de kiem; die mag u niet beschadigen). Zet ze mannetje aan mannetje in kuil of kist, bedelf ze onder een flinke laag gitzwarte aarde of compost en dan een laag stro. Zet ze in een schuur of koude kas waar ze uitschieten in wat wij lofstruikjes noemen.
Asperges: knip vergelend aspergeloof bij de grond af, wied voorzichtig (asperges wortelen ondiep) en breng ca. 8 cm compost op. Dek ze bij echt strenge vorst nog meer af (met hooi, compost, desnoods doek). Het volgend voorjaar: verwijder alle dekmateriaal, geef ze opnieuw compost (7 cm), houd de planten goed onkruidvrij. Bemest regelmatig, begiet geregeld; knip in de herfst het loof weer af, wied en bedek de planten met aarde/compost. In de lente van het derde jaar (ja, zucht!): snijd in mei uw eerste asperges zodra ze 20 cm zijn, steek ze 2-3 cm onder de aarde af met een scherp mes. Nu zijn er twee visies: a) steek slechts één stengel per plant en niet langer dan 4-5 weken! b) steek alle stengels vanaf 20 cm, ook dunne, om groei te stimuleren. Maar niet langer dan 4 weken. Kies! Vanaf jaar vier gaat u echt oogsten. Tot 23 juni, St.-Jan, waarna asperges weer op krachten komen.
Een verhoogd bed als beginnende moestuin! Wél potentieel moestuinder maar absolute beginner of nauwelijks tijd? Neem een keukendeurkist (zie 'Actie in maart') of Een Verhoogd Bed. Maak dat nu. Zet een bed van 1 m breedte bij 2½ m lengte af op een zonnige plek in een bekisting van onbewerkt Nederlands hardhout zoals lariks. Drijf 4 vierkante paaltjes (5 x 5 cm) van 50 cm lengte 30 cm de grond in. Timmer er planken tegen van 15-20 cm hoogte en 2½ cm dikte. Spit de bodem van het bed om, maak het schoon en stort er een derde deel oude mest (of aarde met mestkorrels), een derde goede tuinaarde en een derde compost in. Loop daar niet op! En zet het in de lente vol lekkere, gemakkelijke gewassen (gezaaid of gekocht) die weinig ruimte innemen. (Plaats courgettes en pompoenen dus elders...). Bijvoorbeeld, v.l.n.r. in rijtjes: goudsbloem – aardappels – (rode) uien – worteltjes – viooltjes – sjalotjes – snijbiet – prei – hysop – radijs – pluksla – (laagblijvende) sperziebonen – kropsla – een combinatie van peterselie/basilicum/bieslook/knoflook – kerstomaten. Kou en zware regenval bij vroege zaai? Leg oude ramen, of platen helder glas of kunststof op de bak. Werkt-ie ook nog als koude kas!

november

'Above all in this month, take time out to enjoy the fruits of your labours with friends.'

('Neem in deze maand vooral de tijd om met vrienden te genieten van de vruchten van je arbeid.')
John Seymour, Fat of the land, 1976

December brengt milde dagen, naast pittig wintersportweer • bewaren volgens de weckmethode • een bijna honderd jaar oude peer • oogstschouw in de kelder • afvalverwerking op geheel particuliere wijze • Christmas pudding 'Van het land'!

december

[wintermaand / winter moon]

*De vogelen des velds
zitten bij mijn kippen,
te wachten op eten.*

De goudsbloem – oftewel 'kalenderbloem' – kleurt nog altijd oranje, en op de bosgrond, temidden van klimop, zie ik magenta verfspatjes: de kleine *Cyclamen coum* is tóch ontloken! Verder, voorbij de composthopen, schuiven grauwwitte schaduwen. Veel akkerbouwers hier houden wat schapen, waardoor de lente echt lente is, met springerige lammeren in boomgaarden en 'bèèh!' tot diep in de avond. Doorgaans grazen de schapen vlak om de boerderijen, maar nu komen ze de pannen uitlikken, op alle akkers waar bieten, uien en spruitjes stonden. Vorst tekent gezandstraalde varens op de ruiten van het tuinhuis. Dat het vriest maakt mijn ganzen en kippen geen klap uit. Ze kunnen ertegen en zijn in de winter vaak op hun mooist: snavels en poten felgekleurd, vetlagen aanwezig en het verenpak nieuw, warm en beschermend. Zolang ik drinkbakken en vijver openhoud en de voerbakken vul is er niets aan de hand. Voor de vogels van het vrije veld timmerde mijn partner twee voederplaatsen, maar dat blijkt totaal onnodig. Mus, roodborst en mees zitten al klaar bij de kippen zodra ik naar de schuur loop om het graan uit de voerton te scheppen. Ook prei, kolen en pastinaken trekken zich van de vorst, of sneeuw, niets aan. Sterker nog, de kou verandert het zetmeel in de groenten in een zoete smaak. Vriezend weer is soms je beste bondgenoot.

Als geschiedenisfan vind ik het mooi dat we veel voeding bewaren zoals in het mesolithicum al gebeurde: door kou te gebruiken, of door te drogen, in te graven, te roosteren, te zoeten of te roken, te zuren of zouten; door te garen en onder vet te gieten, en op tientallen andere manieren. In vroeger tijden, toen particulier bezit van vriezer of koelkast (*frigidaire*, zeiden nette lieden) buitengewoon was, maakte eenieder gebruik van overgeleverde bewaarmethoden. In het westen, achter de duinen, kende ik landgoederen met ijskelders (waar hoveniers ooit voor winning van het ijs zorgden, gehakt uit speciale vijvers) en als piepjong schoolkind zag ik eens een coöperatief vrieshuis voor een heel Twents dorp. Kolchoze in Markelo. Ook herinner ik me hoe mijn familie de oogstverduurzaming aanpakte. Wecken! Oftewel 'inmaken volgens de weckmethode', uitgevonden in 1900 door Johann Weck uit Öflingen, Zuid-Duitsland.

Maagdenburger halve bollen

Weck was vegetariër, geheelonthouder, aanhanger van de reformbeweging en uitvinder van de bekende bewaarmethode voor bederfelijke levensmiddelen. Zijn principe, met dank aan Otto von Guerickes theorie der Maagdenburger halve bollen (over luchtdruk) en de bevindingen van Louis Pasteur (over bacteriën en hoe ze te doden), maakte dat heel vrouwelijk Europa aan de gang ging met waterketels, glazen potten, klemmen en ringen. Succes verzekerd. Of soms niet: dan zat zo'n weckdeksel los en kon je de inhoud wegkiepen. En bij gebruik van kunstmest in de moestuin ging de boel gisten en

explodeerden de potten. (Reden om 'de weck' in de schuur te zetten, waar hij minder schade kon aanrichten.)

Als mijn oma weckte ontruimde ze alle werkvlakken in haar keuken. Inmaakmateriaal en bergen groente en fruit lagen paraat. Even later stond ze in stoomwolken gehuld en heerste er een algehele 'ten aanval!' sfeer. Mijn tantes en moeder, in schort en hoofddoek, kwamen meewecken en bij het weggaan mochten ze wat potten peultjes in de fietstas steken. Hun welverdiende loon. Grove groenten zaten doorgaans gezouten in de ton, dus meestal glansde er fijn goed achter 't weckglas: asperges, sperziebonen (die vooral), aardbeien, frambozen en rabarber, waarmee deze bewaaroogst als vanzelf werd gereserveerd voor rustdag of hoogtij. Ik herinner me de trots waarmee mijn oma zo'n pot sperziebonen uit haar kelder haalde, los klikte en ons kleinkinderen liet proeven. Genot op een familiezondag.
Ook ik weck wel eens, het is een 'oergevoel'. (Tegen geweckte pruimen, met opzet bewaard tot ergens in december, kan weinig op.) Ik begrijp de trots van menig boerin of huisvrouw om haar voorraad keurig geëtiketteerd in de kelder te zetten.
Honderd potten, of vijfhonderd, soms. Meer? Ja hoor! Ik hoorde van een dame die er nog elk jaar *veertienhonderd* vult.
Het was niet ongewoon deze schat te tonen aan bezoekers. Een oogstschouw, waarbij al die weckflessen in het gelid de garantie gaven dat het voorjaar gehaald zou worden. (En wat doe ik, bij bezoekende vrienden? Krek hetzelfde. Kelderdeur open en: 'kijk eens?!')

Een eeuwenoude peer, de Williams

Zelfs in deze 21e eeuw is bewaren een feest. De gevarieerde blokken in mijn vriezer – van tomatensaus tot tuinboonpaté – geven me het gevoel alsof ik een schatkamer beheer. Voorraad koop ik ook in. Elke nazomer arriveert er een circulaire van een naburige schapenhoudster. Ze verkoopt wol en vachten van haar prachtige dieren. Maar de missive is bedoeld om te informeren of je nog een pakket vlees wenst? En wát voor vlees! Van lamsham tot bout, van koteletjes tot rollade. Als je besluit een dier te offeren, leerde een natuurvorser mij, gooi je niets weg en eet je niet nuffig alleen de edelste delen. Dat vindt de schapenhoudster ook, dus zitten er in haar pakketten lever, hart, niertjes en zelfs tongetjes. Die geeft ze alleen aan diegenen die zulks waarderen.

Sowieso heeft ze een bijzondere manier van opereren: ze begeleidt haar dieren tot in het slachthuis en controleert de slager scherp bij het verwerken. Ze stelt de pakketten samen en komt het vlees zelf afleveren, als laatste geste. Dan is er tijd voor een gesprek.

Op een keer neemt ze naast vlees (en tongetjes als geschenk) nog een cadeautje mee. Peren. 'Echte Williams, ik dacht wel dat je dat leuk zou vinden. Ze komen van een boom in mijn tuin die stamt van voor 1911.' Ik bedank van harte en uitvoerig, we hebben het over tuinen en ganzen, en als ze na de thee wegrijdt doe ik in de keuken een rondedansje. Williams! Het ongelooflijke aroma laat zich niet beschrijven, maar de essentie daarvan wisten de Zwitsers te vangen in hun flessen die ze slim over de jonge peertjes schoven, nog aan de boom. Bewaren is vooruitzien, ook bij eau de vie van *poire Williams*.

Schoner wonen!

Verval en vergankelijkheid tonen zich dagelijks, deze maand. In de lente ben ik wel eens beducht voor de lange herfst en winter hier op Nova Zembla, maar schoppend door ritselende bladerbergen en beschenen door horizonbrede zonsop -en ondergangen geniet ik ook van dit seizoen, als elk jaar. Ik moet denken aan vriendin I., in het buitengebied van Groningen wonend en groen van nature. Ze vertelde me hoe effectief ze vroeger van massa's persoonlijk afval afkwam. (Onze lichamelijke uitstoot is de grootse vuilnisbelt op aarde.) Haar privéafval verdween bijna in het niets, dankzij de septic tank. Ze wist pas dat ze 'm had toen hij verstopt raakte door een erfenis: verboden producten, doorgetrokken door vorige eigenaren. Enorme zui-

van het land

ger erbij, stevige man erbij, en toen moest het bacterieel systeem in de tank weer op orde. 'Wilt u even anderhalf pond vlees kopen?' vroeg de stevige man aan I. 'Voor nieuwe voeding. Het hoeft geen biefstuk te zijn...'

Bij de dorpsslager plaatste I. haar bestelling. Slager ging achterin wat kopvlees bijeen hakken en twee wachtende klanten – petten op, knuisten in de winterjacks – gaven haar snel advies: 'Vol'nde keer kun joe 'r ook 'n dooie hèèèèn in gooi'n, ja!' zei de een. 'Of de nèèègeboorte van 'n kalf!' raadde de ander aan. I. bedankte, de stevige man kiepte het kopvlees in de tank, dop erop, zand erover, klaar. Het mooie was dat haar overtollig tankwater, druppelsgewijs geloosd in het eigen slootje, een schone gave was voor flora en fauna, want in de sloot bloeiden de leukste planten, krioelde het van het kikkerdril en grondelden eenden naar hartelust. Wanneer de sloot in hete zomers droogviel krabbelden haar kippen in de bodem. Die hoef je nooit iets uit te leggen over 'grijp je kansen'. Doodzonde dat het niet meer mag, van de wet. Want mits goed beheerd is zo'n tank een geweldig ecosysteempje en op termijn stukken goedkoper dan het riool, zowel voor eigenaar als gemeenschap.

Overpeinzingen in de Thijssetuin

En zo is het opnieuw december. De tuin toont zijn botten weer, de akkers ogen scharrig. Omgeploegd ligt de klei erbij – soms moddervet glanzend, soms ingeklonken, verweerd, turfbruin, in onregelmatige richels, als de versleten mouw van een corduroy jasje. Hier en daar staat wintergraan frisgroen boven de aarde. (Niet gehinderd door enige kennis zeiden mijn partner en ik in het eerste jaar tegen elkaar: 'Wat is dat nou? Het lijkt wel gras! In dit akkerbouwgebied, wat vreemd!' En: 'Nou, dan laten ze het gras ook lang, zeg, in december!') In mijn moestuin wordt gegeven en genomen: we planten nieuwe pruimen en appels ('Reine Claude Verte', een kramsvogelboom en de heerlijke 'Karmijn') en snoeien de elzenhaag terug. Dat geeft meer licht en gratis klimtakjes voor de erwten, straks. Voorts is het nu een kwestie van 'replacing the dust' zoals de Britten zeggen: hier nog eens iets schikken, daar wat ordenen. Meer niet. Hoeft ook niet, we moeten even bijkomen. (Ondergronds broeden we al, de tuin en ik, maar rustig aan, we hebben zeeën tijd.) Dus is de dagelijkse gang langs pad en bed wat korter, met de jaarwende nabij.

Op een mooie middag – de ganzen zo wit in de schuine zon dat je twéé zonnebrillen nodig hebt – sta ik voor een bed in de Thijssetuin. Het ligt er aantrekkelijk, onder meidoorn en wilg. Als groentebed, echter, beviel het me niet: te droog. (Dat komt door mijn geliefde wilg, die een verschrikkelijke zuipschuit is.) Een andere bestemming dus.
's Denken. Een bed voor mediterrane kruiden die droogte 'non importante' vinden? Of is dit misschien de behaaglijkste plek voor een koude bak? Mooi uit de wind en goed in de zon, tot mei...
Stel dat ik de bak volstort met vochtvasthoudende compost, dan kan ik in februari al zaaien en beschik ik over aanzienlijk meer bladgroente in het allerprilste voorjaar. Hm! Balken zijn er genoeg in de schuur en misschien liggen die oude keukenkastramen nog op zolder...

december

Gerookte makreelpaté, met boter en Schotse malt whisky

400 g gerookte makreel (eventueel filet)
50 g zachte boter
50 g cottage cheese (van koe of geit)
50 g crème fraîche (van koe of geit)
2 el. (zelfgemaakte) mierikwortelpasta
2 el. citroensap
4 el. malt whisky (met rokerige, jodiumachtige smaak!)
versgemalen zout en peper

Ontvel en ontgraat de vis uiterst zorgvuldig (ook filet!). Doe alle ingrediënten in de blender en maal tot een smeuïge massa. Proef, en breng op smaak met zout en peper. Verdeel de paté over beboterde patépotjes, dek ze af met beboterd bakpapier en zet ze 36 uur koud weg (of vries een deel in, dat gaat prima).
Serveren: haal de paté 30 min. voor opdienen uit de koelkast en geef er warme soldaatjes bij.

Spekduifjes met mosterd, puree met peen en savooiekool

Duif is wild dat het hele jaar door verkrijgbaar is en opvallend betaalbaar op de koop toe.

1½ kg kruimige aardappels
1 grote winterpeen, gesnipperd
¼-½ savooiekool
1 el jeneverbessen, geplet
2- 3 el. boter
2 tl. pittige mosterd
600-750 g filets van duivenborst
zout en versgemalen witte peper
1 zeer fijngehakt knoflookteentje
½ el. fijne, scherpe mosterd
ca. 125 g ontbijtspek, in iets dikkere plakjes
1-2 el. olie of geklaarde boter
1 dl droge witte wijn

Kook de aardappels met de wortelsnippers in lichtgezouten water tot ze gaar zijn en giet ze af. Hak de savooiekool ('Bloemendaalse Gele') ragfijn en roer door de puree met zout, jeneverbessen, boter en mosterd. Houd de puree warm. Wrijf de filets in met zout, peper, knoflook en mosterd. Omwikkel ze met spek en bak ze in de hete olie of geklaarde boter 2-3 min. aan weerszijden als u wilde duif gebruikt, anders 5 min. Haal het vlees uit pan, houd het warm en blus het braadvocht met wijn, op hoog vuur; roer daarbij de aanbaksels los.
Serveren: leg de duifjes bovenop de puree en giet er wat braadvocht over.

Pastinaak met kaaswijnsaus en komijn (V)

Deze ongecompliceerde kaaswijnsaus bevat komijn, de specerij die zo goed bij pastinaken past.

Schil of schrap de pastinaken, verwijder kap en staartje en snijd ze in stukken. Halveer de grootste schijven. Stoom ze ca. 15 min. (simpel: in een vergiet boven een pan borrelend water, deksel op het vergiet). Verwarm de ovengrill voor. Smelt de boter in een steelpan, roer de bloem erbij en laat dit op zacht vuur, al roerend, 3 min. garen, zo dat de roux nét bubbelt. Voeg knoflook t/m wijn roerend toe, draai het vuur hoog, laat de saus 2 min. sputteren (blijf roeren!) en draai het vuur laag.
Verhit een koekenpan op halfhoog vuur en pof het komijnzaad er 1 min. in (tot het verkleurt en heerlijk gaat geuren). Roer het door de saus, met de kaas (in porties en almaar roerend) en maak de saus af met peper.
Doe de pastinaakstukjes in een ingevette ovenschaal, giet de saus erover en schuif de schaal kort onder de grill, tot de saus begint te gratineren.
Serveren: bij sla van witlofreepjes en winterpostelein. Maak de dressing met dezelfde wijn als uit de saus.

- 750 g pastinaken
- 50 g boter
- 4 el. bloem
- 1 geplet knoflookteentje
- 1 el. zeer fijngehakte jeneverbessen
- ca. 350 ml witte wijn (type chardonnay)
- 1 el. komijnzaad
- 200 g extra belegen geiten- of schapenkaas, geraspt
- zwarte peper uit de molen, naar smaak

Rodekool met jus en pruneaux in madera

Zo ongeveer alle winterse rode kleuren komen hier samen. Een mooie 'droge' aardappel is er lekker bij.

Week de pruimedanten minstens 6 uur in de madera. Schep ze af en toe om. Verwijder buitenbladeren en witte stronk uit de kool en snipper de kool, alsook de ui en appel. Verhit de olie, roerbak kool en ui er 2-3 min. in, op getemperd vuur. Voeg appel en jus of de boter met bouillon t/m de azijn toe. Verwarm de runderbouillon en giet bij de kool. Breng alles aan de kook en laat de kool op heel zacht vuur 1 uur min. pruttelen. Schep hem af en toe om. Voeg na 30 minuten de pruimen toe.
Serveren: met aardappels of spätzle en sukadevlees, traag gesudderd met ui, kruidnagel en laurier. Chiquer? Dan met wild.

- ca. 18 pruneaux d'Agen (pruimedanten)
- ca. 1 portglas rijpe madera
- 1 grote rodekool (vuil gewicht ca. 1500 g)
- 1 grote rode ui, gepeld
- 1 grote goudrenet, geschild, klokhuis eruit
- scheutje neutrale olie
- 75 ml lichtgezouten runderjus (of 2 el. roomboter en 3-4 el. bouillon)
- 2 el. rode vruchtendiksap
- scheutje krachtige rode wijn (shiraz of volbloed rioja)
- 1-2 el. rode wijnazijn
- 300 ml runderbouillon

december

Rinse vossenbes- of cranberrychutney (V/Vegan)

1 el. neutrale olie
1 knoflookteen, zeer fijn gehakt
1 sjalot, zeer fijn gehakt
250 g vossenbessen
75 ml zwarte bessensap
25 ml balsamicoazijn
1 sjalot bestoken met 2 kruidnagelen
1 cm gemberwortel, geschild, zeer fijn gehakt
stukje pijpkaneel (4 cm)
1 tl. scherpe, fijne mosterd
1 el. appelstroop

Verhit de olie op getemperd vuur en laat knoflook en sjalot er zacht in worden. Voeg vossenbessen t/m pijpkaneel toe, breng aan de kook, laat 15 min. onafgedekt pruttelen, laat iets afkoelen, verwijder 'kruidnagelsjalot' en kaneel, roer mosterd en stroop erdoor.
Serveren: warm of op kamertemperatuur bij wild, gevogelte of krachtig smakende kaas.

Pure chocolademousse met sloe gin-sleebesjes (V)

Als de kippen nog leggen is dit een supertoet. Let op: de mousse bevat *rauwe* eieren!

200 g pure chocolade (minimaal 70%)
1¼ dl warm water
3 grote eieren, gesplitst (of 5 eitjes van krielkippen)
40 g biologische rietsuiker
sloe gin-sleebesjes
ook nodig: 4 ramequins (korte, rechte ovenschaaltjes)

Breek de chocola in stukjes, doe ze met het water in een grote kom, plaats die op een pan bubbelend (niet kokend!) water, zorg dat de kombodem het water niet raakt. Laat de chocola heel langzaam (essentieel!) smelten, in ca. 6 min. Haal de kom van het vuur, roer kort, zodat de chocola egaliseert en gaat glanzen. Laat 2-3 min. afkoelen, roer er dan één voor één de dooiers door. Mix de eiwitten in een schone, vetvrije kom tot zachte pieken. Roer de suiker er in twee porties door, klop/mix de eiwitten glimmend. Spatel eerst 1 el. eiwit door de chocola en dan de rest, zo luchtig mogelijk, met snijdende bewegingen. Hoe meer lucht, hoe lichter de mousse! Verdeel over ramequins, dek af en zet minimaal 2 uur in de koelkast. (Een nacht kan ook.)
Serveren: haal de mousses 20 min. voor serveren uit de koelkast. Leg er ontpitte stukjes sleebes uit de *sloe gin* (zie oktober-recepten) op.

Christmas pudding 'Van het land' (voor 4-6 (pudding) (V/Vegan)

Deze 'pud', zónder niervet en suiker, kunt u al in oktober maken en laten rijpen voor het 'huwelijk der smaken'! Hij bestaat zoveel mogelijk uit wat het land in herfst en winter biedt. Alternatieven tussen haakjes. Kies jams gezoet met diksap of vergeet de stroop bij jams met suiker.

500 g bloem (van spelt of tarwe)
2 el. gemengde koekkruiden
½ tl. versgeraspte nootmuskaat
1 tl. gemalen kaneel
1 tl. fijn zeezout
100 g tamme kastanjes (gegaard en gepeld) of -puree of vacuüm verpakte
250 g amandelen met bruin velletje
250 g hazelnoten met bruin velletje
100 g walnoten, gedopt
150 g meidoornbessen (of 100 g cranberry's/cranberryjam)
150 g aalbessen (of 100 g aalbessenjam)
10 zachte rozenbottels
75 ml appeldiksap
10 rijpe mispels (of 2 extra el. rozenbotteljam)
300 g gedroogde vijgen
500 g geweckte of gedroogde pruimen (pruneaux d'Agen)
10 sleebesjes (uit 'sloe gin', zie oktober, of 2 el. zwarte bessenjam)
3 grote winterpenen
3 moesappels, geschild, zonder klokhuis
rasp en sap van 1 citroen
100 g zachte margarine of boter
3 eieren
¼ - ½ l (zelfgemaakte) wijn (paardenbloem, cider, appel etc.)
1½ wijnglas 'sloe gin' (zie oktober) (of jenever, wodka of rum)
1 flesje speltbier of donker bier (Guinness o.i.d.)
4 el. appel- of perenstroop
ook nodig: pudding- of cakevormen

Zeef de bloem en meng met koekkruiden t/m zout in een zeer grote schaal. Hak kastanjes in stukjes. Maal amandelen t/m walnoten tot gruis en meng met kastanjes door de bloem. Kook meidoornbessen t/m rozenbottels tot pulp in een bodempje water, roer door zeer fijne zeef en meng met appeldiksap. Haal vruchtvlees uit de mispels. Hak vijgen (steeltjes verwijderd) en pruimen zeer fijn. Maal penen en appels fijn, meng met citroensap- en rasp. Verwarm boter tot hij vloeibaar is en klop los met de eieren. Roer ALLES nu door het bloemmengsel, incl. dranken en stroop. Dek de schaal af, zet 24-36 uur koud weg. Vul ingevette pudding- of cakevormen met het mengsel, dek bovenzijdes af met goed ingevet bakpapier, wikkel alle vormen in bakpapier, bind dicht (keukentouw) en stoom ze: zet de vormen in grote pannen, giet er tot ¾ kokend water bij en dek af. Laat op heel zacht vuur 5 uur garen (zonodig bijvullend tot ¾ met kokend water). Laat geheel afkoelen, verwijder verpakkingen, bedek bovenzijde met schoon, ingevet bakpapier, wikkel vormen in bakpapier, stop in plastic zakken en laat in koelkast minimaal 4 weken rijpen. Stoom voor serveren nog 1 uur. Serveer lauwwarm of op kamertemperatuur, desgewenst met gezoete cognacboter of geslagen room erbij. **Vegan:** vervang boter en eieren door 200 g margarine.

december

Actie in december

De beste grondsoort voor **pastinaak**, de historische, witte en zoet smakende voorloper van de aardappel, is zand of zandleem. Maar klei met wat zand en kalk erdoor gaat ook. **Pastinaken** die zichzelf uitzaaiden zijn handhoog. Dun ze op 12 cm, mulch met wat bladaarde en wacht af...
Sjalotjes worden in Engeland traditiegetrouw op de kortste dag gepoot, 23 december, om ze op de langste dag in het volgend jaar, 23 juni, te oogsten. Maar zes weken later kan ook, als u rond Kerst iets anders te doen hebt...
Kolen zijn nu in topvorm. Pluk boerenkool en spruitjes regelmatig, altijd van onderen af. Blijf zware sluitkolen als savooiekool en rodekool aanaarden, anders wiebelen ze in stormen om.
Fruitbomen en- struiken kunnen bij mild weer nog steeds worden geplant. Geef ze wat compost in het plantgat, om snel op krachten te raken en de stress van verplanten tegen te gaan. Houd een 'spiegel' rond de stam vrij: een (gras)vrije cirkel van een meter doorsnee. Zet daar sterk geurende narcisbollen in. Zie onder! Of zaai er Oost-Indische kers in, als antiluismiddel en zaai, zodra die bloemen inzakken, alfalfa, voor de broodnodige stikstof.
Bloembollen als antiwoelmuismiddel... Poot in de spiegels bij fruitbomen sterk geurende narcissen, zoals de trosnarcis 'Poetaz', tegen de woelmuis. Die eet graag fruitboomwortels én narcissen. Dan liever een narcis...
en omdat ze mooi zijn! Plant waar het kan – onder bomen, in het gazon – nonchalant neergestrooide bloembollen en laat ze verwilderen. Ook in de moestuin staan bollen mooi, maar dan wel in eigen vakken. Ik zet ze op heuveltjes (zo zie ik ze goed, waar ik ook ben in de tuin), prik er een naambordje bij en zaai er later eenjarigen bij of omheen (klaprozen, bijvoorbeeld).
Een wijnkistje als nestkast voor mezen! Bouw een mezenwoning van een wijnkistje (voor 1 fles). Belangrijk: het kastje moet elk jaar schoon, dus gebruik het schuivende deel van het kistje daarvoor als opening: neem dat als voorzijde en zorg dat het naar *onderen* open kan schuiven; zet hem straks met twee haakjes 'op slot'. Timmer van twee plankjes een schuin dakje, aan de achterzijde gelijk met het kistje en aan de voorzijde flink overstekend, als een Zwitsers chalet, minimaal 6 cm. Boor een 'voordeur': een cirkeltje van 3 cm in de uitschuifbare voorzijde, op ca. 7 cm vanaf de bovenrand. Boor een gaatje (½ cm) op ca. 3 cm onder de voordeur en steek daar een rond houtje in van ca. 8 cm lengte. Hang het kastje op ca. 3 m hoogte op een beschutte plek, liefst aan een boom zonder lage zijtakken (beuk of haagbeuk). Uit de zon is ideaal, net als vrij zicht erop. Zeker het kastje met lange spijkers aan weerszijden in de boom geslagen, strak tegen de zijkanten, zodat het niet wiebelt bij storm. Nu is het duimen! Maak het kastje elk najaar goed schoon (zie 'Actie in november').

van het land

Composteren kan gewoon doorgaan, in de wintermaanden, alleen verloopt het proces een stuk langzamer, ook in speciale compostbakken, alhoewel de temperatuur daar vrij constant blijft. Dek composthopen buiten af. Het belang van compost kan niet genoeg worden benadrukt. Het is het alfa en omega van de biologische tuin, moestuin en boomgaard en zal elk jaar voor meer vruchtbare aarde zorgen. Alleen zo komt u van arme of uitgeputte gronden af. Gronden die 'niks doen' verleiden ons om er snel stikstofrijke mest(korrels) door te werken maar dat is de duivel verzoeken: gewassen die daarop groeien geven slappe, uitgeschoten sprieten en dat is lokaas voor sapzuigers als luizen. Veel **schermbloemigen** trekken luisetende insecten aan. Kies naast pastinaken (zie boven) volgend seizoen ook heerlijk geurende **dille, karwij** en **venkel** (zowel het kruid als de groente, in bloei schietend).

Tenslotte, zeven tips om te onthouden!

1. Kies bij het zelf telen voor overlevers, voor planten die het in de grondsoort van uw tuin willen doen. Kies ook planten waaraan uzelf veel aardigheid beleeft, zowel qua sier als nut. Het heeft geen zin om bergen aubergines te telen als u die niet meer dan één keer per seizoen eet.

2. Start met succesnummers: erwtjes, aardappels, sla, pompoenen en boerenkool bieden al direct aardige oogst en dat geeft de burger moed!

3. Geef uzelf niet op de kop als u het niet redt om de tuin bij te houden. Doorschietende kardoenen zijn prachtig, net als bloeiende sla en uien! En al die vogels die op de zaden afkomen!

4. Laat u inspireren door enthousiaste collega's, ga naar volkstuinverenigingen en lezingen van tuiniers, bezoek kwekers, parken en open tuinen. Als u van elk gesprek of bezoek één tip meeneemt is dat al heel mooi!

5. Probeer voor zoveel mogelijk sier, kleur, geur en nut in *alle* seizoenen te zorgen. Dat brengt, simpelweg, geluk.

6. Een tuin zonder plagen bestaat niet. Een succesvolle, biologische tuin zonder GROTE plagen wel. Dat is een tuin vol goede aarde waar evenwicht heerst, waar aan biodiversiteit is gedacht, waar onkruid of wat luisjes niet als De Grote Afschrikwekkende Boosdoeners worden ervaren. Het is een tuin waar planten en bomen (en u) weinig stress ondervinden en waar een rijke selectie insecten, vogels, amfibieën en andere dieren welkom is (en dus meestal ook woont). Een tuin waar ook voedsel aan de dieren wordt gegund en men niet weent bij elk aangeknaagd kropje sla.

Zo'n tuin scheppen vraagt tijd, zorg en aandacht. En geduld, naast enige pioniersgeest, durf en 'eigenwijzigheid'.

Als u dat niet heeft, geen punt, stort dan vooral overal grind en teel klimop in potten. Als u dat wél heeft, dan staat u iets verschrikkelijk moois te wachten, bij elke bloem die ontwaakt, bij elk gewas waarvan u iets kunt oogsten. Al is het maar één bloemkool of zijn het slechts zeventien erwtjes. Ze geven het heerlijke gevoel dat samen met die bloem, boon of boom uw lichaam, ziel en geest openstaan voor, en genieten van, de krachten der natuur.

7. Er is altijd een volgend seizoen... of persoonlijk advies van mij, bij u thuis of per e-mail of telefoon. Zie **www.almahuisken.nl** Veel succes en geluk!

december

ANNEX III
Groenbemesters plus bijen- en vogelplanten

Groentebedden staan soms leeg omdat de oogst eraf is of nog moet komen. In onze gematigde streken zal de natuur elk braakliggend stuk aarde bedekken. Het is hier zee noch rots noch woestijn, dus trekt er al snel een groen waas over de grond. Zelden *gewenst* groen. Dan is het verstandig om de regie te voeren, met biologische groenbemesters: nuttige, snelgroeiende beplanting. De planten of hun zaden worden niet geoogst maar ondergespit. Want ze voeden de aarde, niet ons.

Dit is het nut van groenbemesters
- Het zijn snelgroeiende, onkruidonderdrukkende gewassen.
- Ze eisen zelf weinig van de aarde en kunnen dicht opeen groeien.
- Ze hebben een sterk wortelgestel dat losse aarde bijeenhoudt en dichte aarde opener maakt.
- Ze moedigen bodemleven aan: allerlei nuttige schimmels en wezentjes worden en blijven actief.
- Ze beluchten de aarde subtiel waardoor regen diep doordringt zonder voeding weg te spoelen. Ze beperken erosie door wind en kou.
- Ze brengen voeding in de aarde, zoals stikstof, essentieel voor blad- en stengelgroei van prei, bleekselderij, andijvie en sla.
- Veel bloeiende groenbemesters trekken bijen, hommels en zweefvliegen aan, erg gewenst voor bevruchting en luisbestrijding. Voorbeelden: boekweit, koolzaad en phacaelia.
- Eenmaal afgestorven of omgespit verworden blad en verterend wortelgestel ter plaatse tot compost (voor snelle voeding), brengen structuur in de grond en vormen op den duur een laagje humus (voor voeding over langere tijd).

Nog meer voordelen
1. Groenbemesters besparen op mest en het snel 'op' raken van uw composthopen!
2. Ze zijn een sieraad voor de tuin en dragen bij aan die zo gewenste biodiversiteit. Uit laten groeien kan altijd: een bed winterrogge is in de zomer buitengewoon mooi!
3. Sommige soorten bieden dieren voedsel (wintergranen kun je knippen of maaien als perfect kippenvoer).
4. Ze helpen grove grond (voormalige grasvelden, kweekgras) snel om te toveren in vakken voor moes- of siertuin. Eén omgespit grasveld, een seizoen ingezaaid met mosterd, kan in de tweede seizoenshelft al een eerste bladgroenteoogst dragen.
5. Ze kunnen vaak vanaf de vroege lente tot diep in de herfst worden ingezaaid.
6. Ze verminderen werk: door het gewas nadat het zijn werk heeft gedaan eruit te trekken is spitten/bemesten dikwijls onnodig.
7. 'Onmogelijke' tuinstukken? Zaai ze in met groenbemesters!
8. Ze bieden beschutting voor nuttige diertjes die ongewenste plagen tegengaan.

De bekendste groenbemesters
Globale indeling: *wintergroenbemesters* zijn alfalfa, veldbonen, raaigras en winterrogge. Zomergroenbemesters zijn bladrammenas, phacaelia, borage, boekweit, koolzaad, lupines, mosterd, rode klaver. (Deze scheidslijn loopt niet heel strikt want koolzaad en phacaelia kun je tot in de vroege herfst zaaien.)

De belangrijke familiebanden!
Alle planten die we zaaien zijn ooit ondergebracht in families. Dat geldt ook voor groenbemesters. In een gezonde biologische moestuin die werkt met wisselplannen (zie Annex II) is het belangrijk de groenbemesters 'mee te laten tellen' als volwaardige deelnemers.
Kruisbloemigen: bladrammenas, mosterdzaad en koolzaad
Leden van de koolfamilie. Uitstekende groenbemesters, maar na deze gewassen mag er op dat bed minimaal vier jaar geen kool of koolachtige groenbemester worden geteeld, om ziekten te voorkomen. *Koolzaad en mosterdzaad* zijn bijenplanten. Zaaien in het voorjaar; ze bloeien prachtig geel en geuren heerlijk (honing!).
Vlinderbloemigen: lupinen, rode klaver, alfalfa, serradella en veldbonen
De peulvruchtenfamilie! Dus laat deze soorten meedraaien in het wisselplan: zet na deze gewassen vier jaar lang geen peulvruchten in dat vak. Vlinderbloemigen halen stikstof uit de lucht en brengen dat over naar kleine bolletjes op hun wortels. Afknippen van het loof is handig: zo blijven de wortels met bolletjes achter. Blauwe en gele *lupine* bevatten geen bitterstoffen; het loof kan als veevoer dienen. Zaaien vanaf half april tot begin augustus. Vriest in de winter dood. Ca. 80 cm hoog. Afknippen of onderspitten in het voorjaar. *Rode klaver*: zaaien in het voorjaar, bloei in de zomer. Trekt bijen en zweefvliegen aan. *Alfalfa*: zaaien tussen lente en midzomer; als het kan 12 maanden laten staan. *Serradella* is een langbloeiende, sierlijke kruiper, geschikt voor lichtere gronden.
Veldbonen gaan in de herfst de grond in en binden stikstof. Laat ze 4-6 maanden staan.

De neutralen: raaigrassen, winterrogge, boekweit, borage, phacaelia

Hoewel leden van verschillende families passen deze gewassen altijd in het wisselschema, vandaar 'neutraal'. *Raaigras* (Engels, Hongaars, Italiaans) is een goede, diep wortelende bodemverbeteraar. *Winterrogge* – zoals de meeste granen een grasachtige – zorgt voor een dicht, stevig wortelgestel. Het is de 'grondboor' voor dikke klei maar houdt ook zand bijeen. Prettig: zaaien kan tot in de vroege herfst. Omspitten in het voorjaar is echter een flink karwei. Hier helpt een (machinegedreven) cultivator. Klein nadeel is dat winterrogge zelf ook voeding nodig heeft. *Boekweit* met zijn hoge rode steeltjes en roze tot witte schermbloemen is prachtig. Wel erg vorstgevoelig, dus pas vanaf half mei zaaien, bijvoorbeeld na winterprei of kolen en voor andijvie of late sla. Boekweit vraagt wat meer voeding van de grond dan phacaelia. *Borage* (bernagie, komkommerkruid) is een prachtig gewas dat blauwe of witte bloemetjes draagt en veel bijen aantrekt. (Jong blad en bloemen zijn lekker!) *Phacaelia*, een Californisch plantje, wordt kniehoog met fijn, geveerd blad en uitbundige bloei van lila bloemen. Voordeel: vroeg zaaien is mogelijk en het is een echte sier- en bijenplant! Zaai vrij los in de lente en dicht opeen in de herfst (dan komen er geen bloemen meer, maar wel een prachtig groen veren bed. Zelfs *eenjarigen* of eenjarig onkruid kunt u als groenbemester gebruiken: maai ze in de late herfst kort en spit het volgend voorjaar de wortels op. Doe dit niet bij meerjarigen zoals zevenblad, brandnetel en kleefkruid!

Zaaien, omspitten, uittrekken of cultiveren

Zaai de planten breed uit in schone, geharkte en vochtige aarde, hark ze luchtig in de grond. Laat ze staan tot ze in zaad gaan schieten, of tot het moment dat u het bed nodig hebt, *spit* ze dan om. Vuistregel: op klei worden alle gewassen in het najaar omgespit en op zand in de lente. Mijn ervaring is: omspitten MOET voor de boel in zaad schiet. Het tijdstip maakt minder uit.
Maai het blad eraf en laat het enige dagen op de grond verwelken. Voer af naar de composthoop, haksel het of spit het onder. Spit bij raaigrassen en granen de wortels zeer diep onder. Wacht bij deze gewassen 3 weken met inzaaien (anders onttrekken de composterende wortels stikstof aan de aarde, juist bedoeld voor jong gewas).
Uittrekken kan ook. Hak het wortelgestel er vanaf, steek of haksel de plant in stukken en verdeel dat over het bed. Regenwormen trekken de stukjes naar beneden en natuurlijke vertering doet de rest. Of strooi, indien voorradig, kippengier over de resten, dat vertering versnelt. Gebruik bij winterrogge zonodig een *cultivator*.

Bijen- en vogelplanten

Voor bevruchting zijn bijen, hommels, zweefvliegen en sluipwespen nodig. Zij en andere insecten, kleine dieren en vogels maken ook korte metten met de grootste 'meeters' in de tuin. Dus: plant zoveel mogelijk van dergelijke gewassen, in variatie. Liever één vlier en één bedje alyssum en één roos dan twee rozen. Denk aan:

- bloeiende (vrucht)bomen * heesters * vaste planten * eenjarigen * bloeiende groenten * bloeiende kruiden.
- Sterke trekkers zijn: borage * reseda * vlier * salvia's * dahlia's * goudsbloemen * boekweit * zonnebloemen * ganzenbloem * phacaelia * pastinaken * alle schermbloemigen * alyssum ('sneeuwkleed').

Vogels komen op al het eetbaars in de tuin af: op vretende insecten en luisjes (hoi!) maar ook op aalbessen en kersen (ai!). Bescherm deze waar het kan of gun ze de vogels. Een alternatief is: plant nog meer besdragende struiken, voor uzelf of de vogels, of plant minder vraatgevoelige witte aalbessen, plus lijsterbes, meidoorn, krentenboom, klimop, duindoorn, sleebes, vlier, braam, rozen, enfin, de lijst is eindeloos!

REGISTER

Recepten: in vet, met **vet paginanummer**; een 'los' vet paginanummer verwijst naar culinair gebruik

A
aaltjes, 11
aardappel, 13, 22, 44, 47, 60, 61, 74, 116
   in puree, 16
   gebakken, 56
   als salade (ensalada de papa), 86
aardbei, 19, 144
   in luxe zomercocktail, 101
afdekdoek, 46
afharden, 74
andijvie, 103
ANNEX I, 32, 33
ANNEX II, 118, 119
ANNEX III, 172, 173
appel (fruit en bomen), 109, 116, 127
   als sap, met lievevrouwebedstro, 72
   in moes, met -wijn, 131
   in stamppot, Hete Bliksem, 156
asperge (groene), 47, 68, 75, 159
   met lamsham, 70
autobanden, 60
afval, 32, 33, 164, 165
artisjok, 30, 75, 145

B
Bach Remedy, 36
bakken (balkon), 31
basilicum, 119
   in olie, 113
   in tomatenketchup, 129
bed, verhoogd, 159
bestrijdingsmiddel, 74
biet, 61, 116
   (spicy, bij linzen), 99
bijen (houden en bevruchting), 67, 82, 92, 123, 125, 173
bijenplanten, 172, 173
biobak, 36, 38
biodiversiteit, 19, 171
biologisch moestuinieren, 80
blad (boom-), 144, 148
blauwschokker, zie kapucijner
bloemkool, 68, 95
   pickle van, 143
boekweit, 172, 173
boerenkool, 13, **19**
   in stamppot, 14
   met roquefort en truffel, 14
bokking met radijs en witbrood, 58

bonen, 64, 74, 78, 88, 110, 123
bonenkruid, 75, 87
borage, 74, 172, 173
braam, 111, 116
   in appelkruimeltaart, 115
   met rozenblaadjes, 115
   jam van, 112
brandnetel, 40, 46, 74
   in soep, 42
   gnocchi van, 58
   haggis van, 43
brandnetelgier (zie: gier)
buren, leuke en geen leuke, 119

C
Carnica's, zie bijen
champignon, 138
chocolademousse, met sleebesjes, 168
Christmas pudding, 140, 169
citroenmelisse, 74
citrus, 74
combinatieteelt, 118, 119
compost, 18, 30, 31, 33, 36, 38, 46, 74, 144, 171
compostgewassen, 119
cottage cheese, 86
courgette, 61, 74, 102, 106
   gegrild, 112
crème brûlée, 59

D
dahlia, 30, 125, 126, 159
dakpannen, 30
daslook, **58**
dieren houden, 80
dieren (uit de tuin weren), 47
Dinkelspätzle (van spelt), 45
doperwtjes, 51, 61, 88
   soep van (London Particular), 84
duif met spek en savooiekool, 166
druif, 23, 30, 102
   in soep, met ui en tijm, 131

E
ei, zie: ook ganzenei of kippenei
   in soep, 56
   in 'eetbare eierdopjes', 57
erwten, zie doperwtjes

F
Fazant met paddenstoelen in savooiekool, 15
fruitstruiken- en bomen, 11, 19, 109, 158, 170

G
ganzen, 11, 12, 24, 51, 68, 69, 80, 82, 91, 92, 94, 109, 110, 137, 151
gebakken ganzenei, 27
garnalen, 'gezet', met zeekraal, 114
Gelderse roos, 147, 148
   in appel- aalbesgelei, 155
gier, 38, 74
groenbemesters, 117, 172
grondsoorten, 32

H
haan, 151-153
hazelnoten, 141
heesters met eetbaar fruit, 145
hooi, 23
houtas, 18
houtskool, 18
humus, 18, 33, 38
hysop, 75

K
kapucijner, 64, 74, 96
   met rookvlees, 98
   paté van, 101
kalk, 18, 74
kardoen, 30, 75, 117, 145
karton, 38
keukendeurkist, 47, 159
kievietsboon, 26, 65
   met salie en olijfolie, 128
kikkers, 80
kippenei, 56, 58
kippen (houden), 32, 39, 53, 54, 78, 138
   confit van, 156
klaver (witte en rode), 75
kleinvee, 19
knoflook, 23, 30, 31
kool, 88, 95, 170
koolwitje, 75, 95
komkommer, 74, 88, 110
   salade van, met ui en haring, 114
koude bak, 30, 159
koude kas, 30, 88, 102
kramsvogel (en -boom), 137, 165
kringloop, 32, 152
kruiden, 95, 102, 171
kruisbloemigen, 172
kuikens (kippen), 39, 78
kuikens (ganzen), 81, 82, 92, 94, 96
kweepeer, 127
   als pasta (cotignac), 142
   in likeur, 143

L
levermousse van haan of hen, 154
lievevrouwebedstro
    (in appelsap), 72
lijnzaadbagels, 55
linzenstoof met lamsvlees, 140

M
maanzaadbagels, 55
maïs, 61, 74, 86
makreelpaté, gerookte, 166
mangetout, 61
mayonaise, 43
mest, 18, 144, 158
meidoorn (en -bloesem), 40, 64
    likeur van, 70
Mien Ruys, 8, 90
mieren, 158
mispels (fruit en struik), 11
    op Victoriaanse wijze, 157
mollen, 61
morielje, 65
    gebakken, 70
    blini met, 71
mulchen, 18, 64

N
naoogst, 119
narcis (rond fruitbomen), 51, 170

O
onkruid, 18, 74
Oost-Indische kers, 75, 86
ossenstaartsoep, 26

P/Q
paardenbloem, 42, 51, 61
    blad van, 51
    limonade en ijsblokjes van, 59
    'koffie' van, 29
padden, 80
paddenstoel, 138, 148
    bij fazant, 15
    in soep met marsala, 141
paling, gerookte, met citroenzeste, 16
palmkool, 11, 95, 145
paksoi, 103
pastinaak, 30, 61, 88, 170
    chips van, 42
    hutspot van, 27
    met kaaswijnsaus, 167
paté (boeren-), 142
pesto van wilde kruiden, 58
peer (fruit en bomen), 117, 163
peterselie, 61, 116
peultjes, 61
pickle, crunchy cauliflower, 143
peulvruchten (zaaien), 64
phacaelia, 172, 173

pompoenen, 61, 74, 102, 109, 116
    geroosterd, met kruiden, 130
pootgoed, 11, 19
prei, 43, 102
    in Caws Poby, 26
pronkbonen, 64, 110
pruimen, 127
    (gedroogde), in rodekool, 167
    geweckt, 129

R
raapsteeltjes, 30
    soep van, 42
    rösti, 44
rabarber, 36, 61, 89
    toet van, 87
radijs, 74
    met bokking en brood, 58
regen (zie ook water), 18
rijshout, 61, 68
rijstpudding, 29
rodekool, 28, 167
rozijnerwt, zie kapucijner
rucola, 42
rupsen (van koolwitje), 75

S
saffloer, 96
    in rijst, 112
savooiekool (bij fazant), 15
schermbloemigen, 171
selderijzout, 115
sjalot, 51, 61, 170
sla, 51, 88
    met kruiden en bloemen, 85
slakken, 80
sleebes, 138
    in sloe gin, 140
    in chocolademousse, 168
snijbiet, 61, 103
    met ansjovis en rosé, 99
snijbonen, 64, 103, 116
snoeihout, 19, 103
sodabread met spelt, 72
spelt (dinkelspätzle), 45
    uit de hooikist, 128
sperziebonen, 64, 103, 116, 163
    à la fermière, 98
spinazie, 23, 36, 40, 42, 47
    bij morieljes, 71
spitten, 18, 39, 173
spruit, 13, 145
    gebakken, met sesam, 17
    met tamme kastanjes, 154
spruitgroenten, 27
Sussex Pond Pudding, 17

T
tomaten, 61, 74, 88, 103, 116

    in ketchup, 129
tropisch hardhout, 32
tuinbonen, 47, 75, 79, 88
    met bonenkruid, 87
    falafel van, 100
    paté van, 101
turf, 32
Twentse Landganzen, zie ganzen
tijm, 28, 30

U
ui, 61
    in marmelade, 129
    in soep met druiven, 131

V
veldsla, 42, 103
venkel, 102
vijgen 28, 89
    middeleeuwse koek van, 45
viooltjes, 61, 119, 134
vlierbloesem, 84, 88
    diksap van, 73
    champagne van, 87
    borrel van, 73
vliesdoek, 46
vlinderbloemigen, 172
voeding (tuin), 32, 33
vogelhuisje, 158, 170
vogelplanten, 173
vossenbeschutney, 168

W
walnoten, 134
    gevulde, 141
water (en -opvang), 60, 134, 135, 137
wc-rolletjes, 11
wecken, 162, 163
winterrogge (en -graan), 11, 145, 172, 173
wisselteelt, 118
witlof, 26, 40, 102, 145, 159
worteltjes, 61, 68, 88, 116
    met loof, 85

XYZ
zaden (en -zakjes en -catalogi), 11, 17, 19, 123
zaaien, 30, 36, 39, 51, 60, 89, 102, 116, 118, 173
zacht fruit, 158
zomerfruit, luxe cocktail van, 101
zomergroenten, minestrone van, 113
zonnebloemen, 102, 158
zuring, 56
    mayonaise met, 56
zuurkool (choucroute), 28
zwam, 138
zwarte bes (en struiken), 30
    siroop van, 101

Dit boek is een uitgave van Fontaine Uitgevers BV
Leeuwenlaan 10
1243 KC 's-Graveland
info@fontaineuitgevers.nl

© 2008 Tekst en receptuur: Alma Huisken
www.almahuisken.nl
© 2008 Fotografie: Doortje Stellwagen
www.doortjestellwagenfotografie.nl

Vormgeving: Jan Mak, Joen design, Wormer

Het binnenwerk van dit boek is gedrukt op
papier dat het keurmerk van de
Forest Stewardship Council (FSC) mag dragen.

© 2008 Fontaine Uitgevers BV

ISBN 978 90 5956 239 4
NUR 440/423

Alle rechten voorbehouden. Niets uit deze uitgave mag worden verveelvoudigd,
opgeslagen in een geautomatiseerd gegevensbestand of openbaar gemaakt door
middel van druk, fotokopie, microfilm, elektronisch databestand of op welke
andere wijze ook, zonder voorafgaande schriftelijke toestemming van de uitgever.